AF547856

Karl Ballmer

Synchronizität

Gleichzeitigkeit, Akausalität und „Schöpfung aus dem Nichts“ bei C. G. Jung und Rudolf Steiner

Edition LGC
Siegen / Sancey le Grand
2010

Veröffentlicht aus dem Nachlass Karl Ballmers mit freundlicher Genehmigung des Staatsarchives des Kantons Aargau (Schweiz). Die Herausgabe besorgte Martin Cuno.

Die Verfügungsrechte am schriftlichen Nachlass Karl Ballmers (1891-1958) befinden sich beim Staatsarchiv des Kantons Aargau. Die Edition LGC befasst sich mit Erfassung und verlegerischer Erschließung.

2., erweiterte Auflage 2010
© 2010 Edition LGC, Siegen / Sancey le Grand
Alle Rechte vorbehalten
Herstellung: Books on Demand GmbH, Norderstedt

ISBN 978-3-930964-25-3

Zur Malerei Karl Ballmers (und zu seiner Biographie) siehe die Monographie von Beat Wismer: Karl Ballmer – Der Maler, Baden (Schweiz), Verlag Lars Müller 1990 (herausgegeben vom Aargauer Kunsthaus und von der Karl Ballmer Stiftung).

Weitere Schriften Karl Ballmers erscheinen auch im Verlag Fornasella, CH-6863 Besazio, Tel. 0041-91-6463787

Ergänzendes Material zu den hier veröffentlichten Texten finden Sie zukünftig ggf. unter der unten genannten Internetadresse.

www.edition-lgc.de

Inhalt

Synchronizität

1) Brief an Hans Schär, 27. Dezember 1952

Sehr geehrter Herr!

Die inhaltreiche Abhandlung über „Das Problem der Schuld in protestantischer Sicht“ (Schweizerische Theologische Umschau, Dezember 1952) veranlasste mich, mir einiges Theosophische ins Gedächtnis zu rufen, insbesondere eine von R. Steiner gekennzeichnete tief merkwürdige Beziehung zwischen dem Verräter Judas und dem hl. Augustinus.

Im Rahmen der *theologischen* Vorstellungswelt wäre wohl das „System“ der Theosophie zu interpretieren als Monismus des Vatergottes, wobei an eine enge Verwandtschaft des Vaterwesens zum Gotte Menschen-*Körper* zu denken ist. Menschliche Seelen entwickeln sich in dem ihnen als Wohnhaus zur Verfügung gestellten Gotte Menschenkörper – in wiederholten Inkarnationen; sie werden als Bewusstsein in jeder Sekunde von dem Gott ins Dasein gesetzt. Die Seelen nehmen teil an der „Entwicklung“, die der Gott selbst vollzieht. Die „Weltentwicklung als Entwicklung Gottes“, theosophisch verstanden, muss sorgfältig abgegrenzt werden gegen die unzulängliche Entwicklungsidee des Deutschidealismus. Das sich entwickelnde substanzielle Absolute ist theosophisch allerdings auch „Idee“, aber Idee und Geist a l s der Gott Menschen-*Körper*. Der theosophische Begriff der Entwicklung beinhaltet: Zuerst ist die Sache – und dann erst die Entwicklung der Sache, das Werden und die „Geschichte“ der Sache. Die theosophische „Entwicklung“ beginnt sozusagen beim Welt-Ende: der Gott *wird*, was er schon immer ist. Ende und Anfang des Weltunternehmens stehen, *als Gegenwart*, im Verhältnis von Ursache und Wirkung. – Gott, als Körper, *ist* böse, denn der Körper als solcher ist zunächst das Weltprinzip der Egoität und des herrischen Selbstbewusstseins. Als der Schöpfer der Seele, indem er sich als Wohnhaus den Seelen und deren Entwicklung zur Verfügung stellt, wobei die Seelen nur *am* Körper entstehen können, überwindet der Gott das Böse und gibt der Welt den Sinn. Der bloß „liebe" Gott ist ein christliches Phantom; die Welt ist kein katholischer Kindergarten, sondern eine Tragödie. Der Manichäismus und die Frage des Bösen sind von Augustinus *verdummt* worden, wodurch Augustinus der maßgebliche Mann des Abendlandes geworden ist. – Es hätte nicht der derben Insinuationen C. G. Jungs bedurft, um dem Jahve seine Beziehung zum Bösen nachzurechnen („Antwort auf Hiob").

Im Monismus der Theosophie ist der „Sündenfall" ebenso eine „religiöse Gabe" wie das Ereignis von Golgatha. Die „abgefallenen Engelmächte" sind kein gegengöttliches und außergöttliches Element, sondern stellen letztlich ein Selbstopfer des Schöpfers dar. Die sich entwickelnden Seelen konnten nur durch den „Sündenfall" *Individualitäten* werden. Dementsprechend gibt es zweierlei Schuld: Schuld, die das „Karma" der einzelnen sich entwickelnden Seele belastet; und andrerseits Schuld aus göttlicher Weltnotwendigkeit, die nur den Gott selbst angeht. In der Spannung nun zwischen diesen beiden Polen spielen sich große repräsentative Schicksale ab wie das Schicksal des Judas und das Schicksal des Augustinus.

In Vorträgen in Basel im September *1912* über das Markus-Evangelium kennzeichnete R. St. im 2. Vortrage eine Entwicklungskontinuität vom Alten zum Neuen Testament, eine Beziehung zwischen den sieben Makkabäersöhnen und den fünf Söhnen des Mattathias zu den zwölf Aposteln. (Ich begehe im folgenden eine arge Barbarei, indem ich aus sehr differenzierten

Gedanken des Vortragenden ein einzelnes Element herausklaube.) Es wurde vom Vortragenden „das ganze herrliche dramatische Tableau [des A.T.] als ein Ganzes, als eine Einheitlichkeit“ charakterisiert, „ein ganz von dem einheitlichen Geist beherrschtes Fortschreiten ... von der Zeit der ersten Schöpfungsgeschichte an durch die Patriarchenzeit hindurch, durch die Zeit der Richter, durch die Zeit der jüdischen Könige hindurch, bis alles in einem wunderbaren dramatischen Gipfelpunkte zusammenläuft in dem Buche der Makkabäer, in den Söhnen des Mattathias, den Brüdern des Judas, die gegen den Antiochus von Syrien kämpfen. Darin ist eine innere dramatische Kraft, da ist ein gewisser Kulminationspunkt dann am Schluss erlangt: und man wird fühlen, dass es nicht mehr eine bloße Redensart, eine Phrase ist, dass den, der ausgerüstet ist mit der okkulten Betrachtungsweise, ein besonderes Gefühl überschleicht, wenn er an das Ende dieses Buches kommt: dort sieben Söhne der Makkabäer vor sich hat, und fünf Söhne des Mattathias. Fünf Söhne des Mattathias und sieben Söhne der Makkabäermutter – das gibt eine merkwürdige Zwölfzahl, die uns auch sonst begegnet, wo wir in die Geheimnisse der Evolution eingeführt werden. Die Zwölfzahl am *Ende* des alten Testamentes, in einem Kulminationspunkt dargestellt! Zunächst kann es uns als eine Empfindung beschleichen, wie die Siebenzahl der Makkabäersöhne den Märtyrertod sterben gegenüber dem König Antiochus, wie sie nach und nach gemartert werden (lesen Sie, welche innere Dramatik darin ist!), wie zuerst der erste nur hindeutet auf das, was zuletzt in dem Siebenten zum Ausdruck kommt als das Bekenntnis der Unsterblichkeit der Seele, wie er so dem König entgegenschleudert das Wort: ‘Du Ruchloser, du willst ja nichts wissen von dem Auferwecker meiner Seele!’ Diese dramatische Steigerung von Sohn zu Sohn lasse man auf sich wirken, und man wird sehen, welche Kräfte in der Bibel enthalten sind. Wenn man gegenüber der bisher süßlich sentimentalen Betrachtungsart diese dramatisch künstlerische Durchdringung ins Auge fasst, dann gestaltet sich uns die Bibel von selber zu dem, was zugleich religiöse Inbrunst bringen kann. Da wird Kunst zur Religion durch die Bibel, und dann wird man beginnen, ganz eigentümliche Bemerkungen zu machen."

Der Christus findet die Zwölf wieder, aus ihnen setzt sich die Apostelschar zusammen. „Sie waren wie mit nackter Seele, mit einfacher Seele dastehend, als der Christus sie wiederfand". Auf dem „Kulminationspunkt" des A.T. hatten sie als Exponenten des israelitischen Volkstums gehandelt, – was dort gruppenseelenhafte Kraft war, sollte jetzt individualisiert auftreten, „als es sich um den Christus gruppierte". „Man könnte sich vorstellen, dass jemand ein ganz Ungläubiger wäre und nur künstlerisch das ins Auge fassen wollte, wie am Ende des Alten Testamentes Sieben und Fünf auftreten, und wie Zwölf wieder am Anfange des Neuen Testamentes zu finden sind. Wenn man dies rein als künstlerisch kompositionelles Element nimmt, kann man schon von der Einfachheit und der künstlerischen Größe des Bibelbuches ergriffen sein, ganz abgesehen davon, dass die 'Zwölf' sich zusammensetzen aus den fünf Söhnen des Mattathias und den sieben Söhnen der Makkabäermutter. Man wird lernen müssen, die Bibel auch als Kunstwerk zu nehmen; dann wird einem erst das Gefühl für die Größe aufgehen, die in die Bibel als Kunstwerk hineingelegt ist, und man wird ein Gefühl dafür erhalten, worauf sich das, was da künstlerisch hineingelegt ist, eben beziehen muss."

Und nun die Beziehung zwischen dem Verräter Judas und dem hl. Augustinus:

„Unter den fünf Söhnen des Mattathias ist einer, der 'Judas' heißt schon im Alten Testament. Er ist damals derjenige, der am kräftigsten kämpft für sein Volk, der ganz und gar mit seiner Seele seinem Volkstum hingegeben ist, und dem es auch gelingt, einen Bund mit den Römern zu schließen gegen den König Antiochus von Syrien. Dieser Judas ist derselbe, welcher später die Prüfung durchzumachen hat, den Verrat zu begehen, weil er, der am allerinnigsten verbunden ist mit dem spezifisch alttestamentlichen Element, nicht gleich den Übergang zu dem christlichen Element finden kann und erst die harte Prüfung braucht durch den Verrat. Es steht, wenn man wieder das rein künstlerisch Kompositionelle betrachtet, ganz wunderbar da die – man möchte sagen – grandiose Gestalt des Judas in den letzten Kapiteln des Alten Testamentes und die Gestalt des Judas im Neuen Testament. Und merkwürdig ist in diesem symptomatischen Vorgang, dass der Judas des Alten Testamentes einen Bund mit den Römern schließt, alles das vorbildet, was später geschehen ist: nämlich der Weg, den das Christentum genommen hat durch das Römertum, um in die Welt einzutreten. Das ist – möchte man sagen – die weitere Ausgestaltung. Und wenn ich hinzufügen würde, was auch gewusst werden kann, was aber doch nicht in einem Vortrage vor einem so großen Zuhörerkreise gesagt werden kann, so würden Sie sehen, wie eigentlich gerade durch die spätere Wiederverkörperung dieses Judas die Verschmelzung geschieht des römischen Elementes mit dem christlichen Element, und wie der wiederverkörperte Judas der erste ist, der sozusagen den großen Erfolg hat in der Ausbreitung des romanisierten Christentums, und wie der Bündnisabschluss des Judas des Alten Testamentes mit den Römern die prophetische Vortatsache ist desjenigen, was ein späterer tut, der dem Okkultisten wiedererscheint als der wiederverkörperte Judas, der da durchgehen musste durch die harte Seelenprüfung des Verrates. Und was sich dann durch sein späteres Wirken zeigt als Christentum im Römertum und Römertum im Christentum zugleich, das erscheint wie eine ins Geistige umgesetzte Erneuerung des Bündnisses des alttestamentlichen Judas mit den Römern."

Bei anderer Gelegenheit hat R. St. unverhüllt von Augustinus als dem wiederverkörperten Judas gesprochen.

Mit Hochschätzung
Karl Ballmer

2) Brief von Hans Schär, 17. Januar 1953

Sehr geehrter Herr Ballmer,

für Ihre beiden Briefe möchte ich Ihnen bestens danken. Ich komme infolge einer Erkrankung, die mich seit Weihnachten behindert, erst jetzt dazu.

Mit großem Interesse habe ich die Ausführungen Steiners über Judas und Augustin gelesen. Ich bin allerdings in den Gedankengängen Steiners zu wenig bewandert, um den vollen Gehalt seines Vergleiches wirklich erfassen zu können. Vor allem ist mir nicht bekannt, welche Bedeutung er Judas in seiner Auffassung der „Heilsgeschichte" gibt, um einmal diesen Ausdruck zu gebrauchen.

Auch Ihren Aufsatz über Schuld habe ich mit großem Interesse gelesen. Sie üben darin eine ziemlich scharf gewürzte Kritik an Jung, wie Sie ja überhaupt meines Wissens gerne Ihre kritischen Erwägungen ziemlich pointiert aussprechen. Nun also, ganz akzeptieren kann ich nicht alle Ihre Ausführungen über Jung. Gewiss ist an Jung sehr viel diskutabel, und das weiß er selber auch. Er ist sich bewusst, dass seine Psychologie der Vorstoß in ein unerforschtes Gebiet ist und dass [sich] wahrscheinlich noch einiges ändern wird, bevor wir zu gesicherten Anschauungen und Erkenntnissen kommen werden. Das vorausgesetzt scheint mir nun aber doch Jung einige Tatsachen festgestellt zu haben, die unzweifelhaft vorhanden sind. Haben auch manche Anschauungen Jungs mehr den Charakter von Arbeitshypothesen, so stellt er doch andererseits Dinge fest, die offensichtlich vorhanden sind, wobei man höchstens über die genaue begriffliche Fassung diskutieren kann, aber die dahinter liegenden Tatsachen anerkennen muss. Den Begriff des kollektiven Unbewussten muss ich auch in Schutz nehmen. Sie schreiben: „Dagegen hätte man im Sinne Jungs anzunehmen, ein Chinese, ein Indianer und ein Deutscher fänden alle das Gleiche auf dem Grund ihrer 'Seele'". Ist das aber nicht wenigstens teilweise gerade der Fall, wenn man ihre Mythen und Märchen vergleicht? Schließlich hat schon vor Jung Wundt festgestellt, dass bestimmte Mythen- und Märchenmotive bei ganz unterschiedlichen Völkern auftauchen, ohne dass eine äußere Überlieferung von einem zum andern Volke nachzuweisen wäre. Eine andere Frage ist für mich, woher Sie behaupten, dass nach Jung die Seele absolut ungeschichtlich sei. So habe ich Jung bis jetzt nicht verstanden.

Ich danke Ihnen auf alle Fälle herzlich für das Interesse, das Sie an meinem fast zufällig entstandenen Aufsatz über Schuld genommen haben und lege auch mit Dank Ihr Manuskript dem Briefe wieder bei.

Mit freundlichen und hochachtungsvollen Grüßen bin ich
Ihr
Hans Schär

3) Brief an Hans Schär, 20. Januar 1953

Sehr geehrter Herr Dr. Schär!

Aus meiner tagespolitischen Polemik von 1946 muss nicht geschlossen werden, dass ich Rang und Bedeutung des Werkes von Jung verkenne. Es waren nun einmal auf ihrer dürren Weide nicht die Theologen, sondern es war der Mann Jung, welcher der modernen akademischen Intelligenz den Zugang erschloss zu den wiederentdeckten geistigen Reichtümern, die man summarisch als die Welt der MYSTERIEN bezeichnen kann. Das ist eine Leistung von unermesslicher Tragweite. Man braucht sich nur zu erinnern, mit welch suffisanter Ignoranz etwa noch der Basler Mitbürger Jacob Burckhardt an der Tiefenwirklichkeit vorbeisah, um den von Jung vollzogenen Durchbruch in seiner geistesgeschichtlichen Bedeutung zu sehen. – Es liegt an der Art und Form der anthroposophischen „Literatur", dass es akademisch noch nicht üblich ist, die vielfachen Parallelen zu kennen und zu nützen zwischen Jung und R. Steiner; ich bin überzeugt, dass diese Beziehungen auf die Dauer nicht verborgen bleiben werden. Ich bin sogar so naiv, anzunehmen, dass man in hundert Jahren Jung ohne große Umstände als einen Exponenten des damals in der Schweiz zentrierten Anthroposophischen nehmen wird.

Zu der Frage der A-Geschichtlichkeit der Jung'schen „Seele" beabsichtige ich einige Gedanken zu versuchen im Anschluss an Jungs kürzliche Publikation über die „Synchronizität" von Ereignissen. – Dass „alles Geschehen eines bestimmten Augenblicks in sich verbunden und eine Einheit ist" (S. 565 Ihres „Erlösungsvorstellungen …"), lässt die Fragestellung zu, ob diese „Einheit" etwa auch durch die Idee „Herr der Geschichte" (es brauchte ja nicht gerade Hitler zu sein!) erscheinen kann. Ich betrachte die grandiose Witterung der Chinesen für „Einheit“ als Anregung für eigene – „westliche“ – Problemstellungen. –

Es hatte mich Überwindung gekostet, Ihnen – in meinem Brief vom 27. 12. 1952 – die Angaben über den Zusammenhang Judas - Augustinus vorzulegen, weil mir nichts widerlicher ist, als in den Verdacht zu geraten, interessiert zu sein. Ich überwand mich auf Grund eines ganz unpersönlichen Bedauerns darüber, dass gehaltvolle Ideen R. Steiners gerade den Kreisen unbekannt bleiben – aus publizitätstechnischen Gründen –, die ein durch Wissen und Können *fundiertes* Interesse haben müssen. – Die beiliegende Abschrift – Judas und Oedipus – möchte ebenfalls unter diesem Gesichtspunkte gesehen werden.

Mit freundlichen Grüßen und guten Wünschen
Ihr
Karl Ballmer

4) Zu Jungs „Synchronizität“ (Briefentwurf)

Sehr geehrter Herr Dr. Schär!

Die theologische Sorge wegen der Ausschaltung des *Schöpfergeschehens* zugunsten einer zur Einmaligkeit verabsolutierten „Offenbarung“ (z.B. in Ihrer an M. Kähler anknüpfenden Arbeit von 1940, darin besonders im Schlusskapitel) erscheint vom anthroposophischen Gesichtspunkte wichtig und begründet. Die Versuche, mit der verabsolutierten „Offenbarung“ den Schöpfer als handelndes Subjekt einer *gegenwärtigen* „Geschichte“ zu verbinden, sind nicht sehr glücklich. Wenn Gogarten sagte: „Geschichte ist etwas, das in der *Gegenwart* geschieht“, so kam er in die bedenkliche Nähe jener deutschen Theologen, die den Ausbruch des dritten Reiches Hitlers als „Gottesstunde“ diagnostizierten. Ein derartiges Risiko wird vermieden, wenn andere, z.B. F. Buri, sich geschichtsneutral verhalten, indem sie von vornherein nicht mit einem erfahrbaren objektiven Sinn einer „Weltgeschichte“ rechnen. Verwandt verhalten sich, aus anderen Voraussetzungen heraus, die Gescheitheit und Konsequenz K. Barths, wenn er eine „Geschichte“ als *gegenwärtige* Handlung des Schöpfers von den theologischen Themen ausschließt, nachdem er in seiner Frühzeit mit dem Gedanken wenigstens einer „Urgeschichte“, ähnlich wie Overbeck und Kähler, gespielt hat. Wenn Sie den Schaden der verabsolutierenden Offenbarungstheologie in der Unterdrückung des „religiösen Erlebens“ sehen, und wenn Sie von der Theologie die ernste Berücksichtigung des von menschlichen Seelen Erlebbaren fordern, so kennzeichnen Sie eine Aufgabe, der sich – ich meine dies sagen zu dürfen – R. Steiner mit der größten Hingabe widmete. Das große Problem – sei es einer „Erlebnistheologie“, sei es einer an Jungs Seelenlehre sich anlehnenden Theologie oder sei es einer anthroposophischen „Schulung“ – scheint mir zu sein, ob man eine begründete „Transzendenz im Ich“, also ein im persönlichen Ich-Erleben erfasstes Transzendentes erreicht. Diese von Jung klar gesehene Aufgabe wird denn doch verharmlost, wenn etwa F. Buri, indem er Bultmann konsequent zu Ende denkt, schließlich unter „Heilsgeschehen“ ganz einfach seine sonntägliche Predigt von der Kanzel des Basler Münsters verstehen muss. „Geschichte“ würde eben bedeuten, dass man ganz gewiss nicht einfach selbst das „Heilsgeschehen“ *ist*. – Ob sich im allerpersönlichsten Erleben die Schöpfermächtigkeit eines „Herrn der Geschichte“ anzeigt, das scheint mir eine mögliche Problemstellung.

Bezüglich Ihrer Frage nach R. Steiners Auffassung der „Heilsgeschichte“ (Sie stellten die Frage im Hinblick auf die Judas-Figur), fürchte ich, dass die Beantwortung sich theologisch etwas befremdlich ausnehmen muss. Ich meine auf Grund eines langen Studiums des Vortragswerkes (ca. 6000 nachgeschriebene Vorträge) zu sehen, dass *theosophisch* eine Art Identität von „Erlösung“ und „Schöpfung“ besteht; beides deckt sich im Prinzip: eine Erlösung, die nicht Schöpfung wäre, ist nicht möglich; ebensowenig kann es eine Schöpfung geben, die nicht eigentlich von Anbeginn Erlösung ist. Schöpfung ist nicht bequemer zu haben als kraft Erzeugung und Übernahme von „Schuld“. Dies soll nur eine vage Andeutung sein, die ich vielleicht noch beleuchten darf, indem ich referiere, dass der vortragende R. St. inbezug auf das kirchenoffizielle Trinitäts-Dogma äußerte, es seien mit den Worten „Vater“, „Sohn“ und „Heiliger Geist“ „die sonderbarsten Verwechslungen vorgekommen“, es müsse in dem „Heiligen Geist“ das Vater-Prinzip gesehen werden, selbst im Lukas-Evangelium werde darauf hingewiesen, dass der Vater des Jesus der Heilige Geist ist, das sei buchstäblich aufzufassen (Vortrag Nr. 1764). – In einem Vortrage, 1921 (Nr. 4503), über Scotus Eriugena heißt es: „Man kann nicht das Johannes-Evangelium ernst nehmen und in dem Christus nicht den Schöpfer aller sichtbaren Dinge sehen, sondern in dem Vatergott.“ Es handelt sich um kräftige Retouchen am theologischen Trinitäts-Schema, die jedoch nicht verwirren können, sobald ich weiß, dass bei R. St. die kirchlichen Symbolbegriffe nicht das Primäre sind, sondern nur das Mittel, um selbsterzeugte und selbsterlebte Wirklichkeiten zu bezeichnen. Nach meiner Erfahrung sind naheliegende theologische Missverständnisse des Schaffens R. Steiners dadurch abzuwehren, dass man sich über das *Grundthema* alles geistigen Tuns Sts. Rechenschaft gibt. In eine Formel gebracht, lautet das Generalthema etwa: *„Die Entwicklung des Menschen und inner-*

halb dieser Entwicklung die Wirksamkeit des Christus-Prinzips". Dabei mag es für den Theologen eine harte Zumutung bedeuten, wenn der theologische Gottesbegriff in das Thema „MENSCH" fällt. (Vgl. meine Formulierung: der GOTT Menschenkörper). Weil die Weltanschauung der Anthroposophie die Welt-*Entwicklung* zum Inhalt hat, ist der von ihr beschriebene „Geist" ein *„geschichtlich"* Handelnder. Der anthroposophische Terminus „Geist" ist vertauschbar mit „Menschen-Seele" (Welt-Seele); analog wie Jung versteht Steiner unter SEELE die Seelenform der *Welt*, im Gegensatz zur traditionellen Philisteransicht, die annimmt: wie dem Milchtopf ein Henkel eignet, so eigne dem körperlichen Meier oder Müller eine „Seele", die von Gott und Gottwelt substanziell verschieden ist. Nach Ansicht der Anthroposophie kann die Seele in einem Einzelmenschen zugleich mit Gott substanziell identisch sein, und dennoch dem vollendet Göttlichen als einem absolut Transzendenten gegenüberstehen (Transzendenz im Ich). *[Der Rest dieses Absatzes ist handschriftlich ergänzt:]* Eine künftige östliche Religiosität wird die Idee und den Impuls einer Allmenschlichen Solidarität im gleichen Sinne in Besitz nehmen, wie man in der verfallenden Vergangenheit rund um das Mittelmeer sich mit der Idee der Gotteskindschaft befasst hat. (Gotteskinder = „Kinder Luzifers" – „„die Kinder Luzifers und die Brüder Christi"")

Es bestanden bei mir Voraussetzungen, um der Schrift Jungs über „Synchronizität" ein besonderes Interesse entgegenzubringen. Das Problem der Gleichzeitigkeit von Ereignissen, die sich für die gewöhnliche Ratio zunächst durch nichts als durch ihre Gleichzeitigkeit aufeinander beziehen lassen, ist mir seit vielen Jahren vertraut. Es bestand keine Notwendigkeit, dass Jung seine Gedanken an modische Vorstellungen der neueren Physik anschloss. Wenn der von der Physik gehandhabte Begriff der „Kausalität" in philosophischer Hinsicht doch eine kümmerliche Fragwürdigkeit ist, dann kann ich im Aufgreifen des Begriffes der physikalischen „Akausalität“ doch nur ein bequemes literarisches Verständigungsmittel sehen. Da die sämtlichen Grundbegriffe der Physik heruntergekommene Abkömmlinge von ursprünglich *theologischen* Begriffen sind, so besteht immerhin die Aussicht, dass von den ausgedörrten physikalischen Abstraktionen aus wieder die Rückbeziehung auf die besseren Ursprünge erreicht wird. „Akausalität“ im Schimmer vermeintlicher Physik-Glorie ist doch nur eine verschämte Umschreibung des theologischen Begriffes des Schöpfers.

5) Zu Jungs „Synchronizität“ I
(Brief an Hans Schär, 1. Februar 1953)

Sehr geehrter Herr Dr. Schär!

In Ihrer an Martin Kähler anknüpfenden Arbeit von 1940 bedauern Sie die Zurücksetzung des „Schöpfergedankens“ zugunsten einer „Wort Gottes-Theologie“. Es sei „nämlich nicht ohne Zusammenhang mit der Ausschaltung des Schöpfergedankens, wenn bei der dialektischen Theologie das religiöse Erleben völlig aus dem Gesichtskreis verschwunden ist.“ Ich denke, dass die von Ihnen ausgesprochene Sorge ebenso berechtigt wie aktuell ist. Paradoxerweise gehen von Jung ernsthaftere Anregungen für das „religiöse Erleben“ aus als von den Theologen.

In summa: das Beste an der „geistigen Situation“ dieser Zeit ist doch die Verrücktheit. Es ist verrückt, wenn K. Barth dicke Bände über Schöpfer und Schöpfung publiziert, und wenn nicht bei Barth, sondern bei C. G. Jung echte, redliche und wissenschaftlich traktable Elemente zur Konstituierung der Frage „Schöpfung aus nichts“ auftreten. Jung spricht zwar nicht theologisierend von „Schöpfung aus nichts“, aber sein „Prinzip akausaler Zusammenhänge“ bedeutet klipp und klar die von der theologischen Schöpfungsrhetorik zerredete „Schöpfung aus nichts“.

Das Nebeneinander von Barth und Jung bedeutet (mir) ein „synchronistisches“ Geschehen. Dieses Nebeneinander – da offensichtlich weder B. auf J., noch J. auf B. kausierend gewirkt hat und wirkt – ist *akausaler* Zusammenhang. Der „Sinn“ des zufälligen Nebeneinander – als manifester „Archetypus“ – ist: die Verrücktheit der geistigen Situation dieser Zeit. Der Operator des „Sinns“ dieser in „Barth plus Jung“ symbolisierten *Gegenwarts*-Situation heißt in der Terminologie der Theosophie: „Archai“, das ist der Name für eine Mächtigkeit aus der Gesellschaft der „Hierarchien“, die etwa charakterisiert wird als eine „rein aus Zeit bestehende Person“, auch als „Zeitgeist“ oder „Geist der Zeit“, auch „Geister der Persönlichkeit“. Die „Archai“ stehen dem Range nach über den „Archangeloi“ oder Erzengeln. Vom Range der Erzengel sind die Volksgeister. Vom deutschen Volksgeist, dem Erzengel Michael, wird gesagt, er sei im Verlaufe der sozialen Weltkonvulsionen seit 1914 zum Range der „Archai“ oder zum „Zeitgeist“ aufgestiegen.

Andächtig das Synchronizitäts-Ereignis Barth - Jung anschauend, darf ich demnach den Gedanken anbieten: ein „Herr der Geschichte“, ein Operator von „Sinn“, ein „Archetypus“, oder der zum „Geist der Zeit“ aufgestiegene Erzengel Michael *offenbart* den – „Schöpfer“. Es ist schließlich ein altbewährter Theologengedanke, dass göttliche Offenbarung vor der Gescheitheit der Menschen Torheit sein muss. –

Jungs Arbeit über „Synchronizität als ein Prinzip akausaler Zusammenhänge“ interessiert mich vorzüglich wegen der sehr bemerkenswerten Absicht, die *Physik* anzuregen zum Fortgange von der klassischen *TRIAS* Raum-Zeit-Kausalität zu einer *QUATERNIO* der Grundbegriffe, in der dann die „Diskontinuität“ und „Akausalität“ der postklassischen Physik ihren methodisch begründeten Platz finden. Bei dieser Initiative genießt Prof. Jung die sympathisierende Teilnahme des Fachphysikers Prof. W. Pauli. Nachdem bereits die Ausstrahlung der „Psychologie“ Jungs auf die *Theologie* von beträchtlicher Intensität ist, steht zu erwarten, dass auch ihr Einbruch in die *Physik* Wirkungen und Folgen haben wird.

Jung fasst gleichzeitige Ereignisse (daher „Synchronizität“) ins Auge, deren Nebeneinander zugleich als sinnloser Zufall und als *sinnvoll* erscheinen kann. An derartigen synchronistischen Ereignissen ist mit Hilfe der gewohnten Ratio irgend eine andere gegenseitige Beziehung außer der des bloßen Nebeneinander nicht zu erkennen; das nackte Nebeneinander ist „akausaler Zusammenhang“.

Da ich seit lange das Stehen und Gehen in einer Welt der *Quaternität* erprobe – denn das eigentliche und einzige Thema der theosophischen Weltanschauung ist der „Viergliedrige Erdenmensch“ –, und da mich seit Februar 1919 der Coinzidenz-„Sinn“ beziehungsloser Ereignisse dauernd beschäftigt, besteht eine doppelte Motivierung meines großen Interesses an dem von Jung initiativ ergriffenen Thema.

Jung erteilt seiner Frage eine große Spannweite. Durch die Experimente Rhines ist zwar das Vorhandensein akausaler Ereignisverknüpfungen in wissenschaftlich zureichender Weise bewiesen, doch haben die Amerikaner die weitreichenden Schlüsse nicht gezogen, die aus ihren Ergebnissen abgeleitet werden müssen. Wenn nun Jung mit philosophischem Blick die von Rhine beim Experiment verwendeten Karten und Würfel als *„bewegte Körper mit psychoider Eigenschaft“* definiert, so versetzt er sich ins Zentrum des ursprünglichsten und ältesten

Problems der Physik überhaupt: der Frage nach dem Wesen des bewegten Körpers. Ein bewegter Holzklotz gilt der Physik seit Galilei nicht als mit psychoider Eigenschaft behaftet. Dagegen könnte ein Ziegelstein, der vom Dache fällt und einen zufällig vorübergehenden Menschen erschlägt, sehr wohl als „bewegter Körper mit psychoider Eigenschaft" vorgestellt werden. Indem der herabfallende Ziegelstein „Schicksal" agiert, kann er aus einem beschränkten Objekt akademischer Physik zur Frage einer umfassenden Weltanschauung werden. Die psychologische Weltanschauung Jungs lässt die Fragen zu, die von Rhine liegen gelassen werden. Ist ein sein „Schicksal" vollziehender Mensch nicht ebenso gut wie die Rhineschen Würfel und Karten ein „bewegter Körper mit psychoider Eigenschaft"? Besteht überhaupt ein prinzipieller Unterschied zwischen der physikalischen Bewegung eines Holzklotzes und eines Menschen? Dass die Bewegungen der Menschen von gehirnbedingten Bewusstseinserlebnissen *begleitet* sind, braucht nicht entscheidend zu sein, denn es gibt niedere Tiere ohne Nervensystem, wie die Amöbe, die geordnete Bewegungen ausführen. Weist das Geordnete in der Bewegung des Holzklotzes, der Amöbe und schließlich des Menschen auf ein einheitliches Subjekt? Jung lehnt die Einheit einer prima causa, an die nach Leibniz und Spinoza noch Schopenhauer im 19. Jahrhundert glaubte, ab; er meint diese Abstinenz aus der jüngsten Physik ableiten zu müssen, deren grundsätzlicher Agnostizismus aus der Erkenntnisfrage ein Problem der Statistik gemacht hat. Bemerkenswert ist jedenfalls Jungs Mitteilung: seinen Anschauungen zum Thema „Synchronizität" habe ursprünglich Schopenhauers Abhandlung „Über die scheinbare Absichtlichkeit im Schicksale des Einzelnen" zu Gevatter gestanden. Es handelt sich bei Jung um eine *ernsthafte* Begegnung von Physik und „Psychologie", sehr im Gegensatz zur Schriftstellerei von Leuten wie Jeans, die sich bei ihrem Materialismus spiritualistisch vorkommen. Die große Schwierigkeit einer Unterhaltung über Jungs Thema besteht darin, dass weder die Physik noch die Psychologie uns begründet sagen können, was eigentlich ein „Ereignis“ ist. Weder Physik noch Psychologie verfügen über einen fundamentalen *Begriff des Geschehens*, der ineins und zugleich „menschlich-individuelles Ereignis“ und „Weltgeschehen“ bedeuten würde. Wie es bei Jung stets der Fall ist, so droht auch in der Abhandlung über „Synchronizität“ hinter der Fülle der Anschauungen das Gespenst des Atheismus.

Es kann sowohl für Jung wie vom Gesichtspunkte der Theosophie nicht zweifelhaft sein, dass es sich bei den obersten System-Begriffen der Physik – beim „vierdimensionalen Kontinuum“, wie bei der von Jung/Pauli zwecks Einbeziehung der Akausalität neugruppierten Quaternität (Konstante Energie / Kausalität / A-Kausalität / Raum-Zeitkontinuum) – um *dürre Abstraktionen* handelt, die nicht im mindesten geeignet sind, Operatoren in *psychischen* Erlebnissen, im Sinne Jung’scher „Archetypen“, zu sein. Der Agnostizismus des physikalischen Systems ist prinzipieller Art. Das Prinzip der A-Gnosis der Physiker ist ihre heillose Furcht vor dem Anthropomorphismus. Solange diese Furcht dauert, gibt es keine Identität zwischen einem kosmischen Wärmevorgang und einem moralischen Akte; und ebensolange kann es keine „physikalische Weltanschauung“ geben, sofern Weltanschauung die Selbstanschauung des – groß geschriebenen – MENSCHEN bedeutet. Die gegenwärtige Physik, die sich wegen ihres äußersten Abstraktismus „geistig“ vorkommt, leistet dennoch dem Materialismus und Atheismus stärksten Vorschub, weshalb dann so fromme Leute wie Bavink von ihr das Gegenteil annehmen. Die „moderne“ Physik hat nur ein unzulängliches Bewusstsein von den in ihr enthaltenen evolutionären Elementen –. Faradays Gedanke des „Feldes“ bedeutet einen Ruck über den Galileismus hinaus, doch ist man sich über die Tragweite dieser Grundlagenerweiterung noch ganz unklar. Wenn es in der Galilei-Newton-Physik (bestenfalls) „bewegte Körper mit psychoider Eigenschaft“ gab, so gibt es in der „modernen“ Physik „Gedanken mit physikalischer Eigenschaft“ (Markus Fierz, „Die Entwicklung der Elektrizitätslehre als Beispiel der physikalischen Theorienbildung“, Rektoratsprogramm der Universität Basel 1951/52). Der Ausbruch aus der alleinseligmachenden Physik-Kirche wird selbst einem so bemerkenswert selbständig denkenden Gelehrten wie M. Fierz schwer gemacht ... Der Geburtsschoß des „Feld“-Gedankens ist der große alte Gedanke „Raum“. Wie aber, wenn das *Prius* des Raumes der K Ö R P E R wäre, der GOTT Körper, der Gott Menschenkörper? – damit nicht mit Newton nach dem „Sensorium“ (eines bloß geträumten Gottes), sondern nach dem wirklichen Gott selbst gefragt sei! – Wir können keine Griechen mehr sein. Man wirtschaftete bisher mit dem Erbe der griechischen Begriffe. Mit griechischen Begriffen, zu denen man keine neuen hinzufügte, wurde im Abendland „Wissenschaft“ gemacht. Nun ist das griechische Erbe verbraucht. Wenn die Griechen gefragt hatten, wer der Garant dafür sei, dass eine Vielzahl von Körpern *Eine* Welt bilden, so hatte sich ihnen die Antwort angeboten: der *Raum* sei der Garant der Einheit. Der Raum gestattet das Außereinander der Dinge, und zugleich fasst er ihre Vielzahl zur Einheit zusammen – allerdings nur in einer *gedachten* Einheit, nur in einem *Gedanken*. Jetzt aber, da wir keine Griechen sind, bietet sich im Zeichen der Theosophie das neue Prinzip der Einheit des Kosmos an: Nicht als Raum, sondern als dessen Prius, nämlich als der Gott Menschenkörper sind die vielen Körperdinge der Welt E I N E R . Sofern nun dem Welt-Körper mit Sinn das Prädikat „Ich“ appliziert werden kann, darf der „Ich“ als „*Gedanke mit physikalischer Eigenschaft*“ in Aussicht genommen werden. –

(Eine Zwischenbemerkung: Faradays folgenschwerer „Feld“-Gedanke kennzeichnet die Diskontinuität zwischen dem griechischen Gedanken des *körperlosen* Denk-Gottes und dem neuen Gedanken, der unter „SEELE“ den Gott KÖRPER versteht, der *als* Körper „Geist“ und „Begriff“ ist. An der Bruchstelle der Kontinuität, an der die Entwicklung der Elektrizitätslehre beginnt, gibt es ein *Synchronizitätsphänomen* – sofern mein „Blick“ nicht durch die prinzipielle A-Gnosis der akademischen Physik stumpf und leer ist: *Gleichzeitig* – als Hegel im Spätjahr 1831 starb, glückte Faraday erstmals die epochemachende „Verwandlung von Magnetismus in Elektrizität“. – Mit einiger Fühlkraft dürfte in diesem „Zufall“ die Symbolisierung der gemeinten entwicklungsgeschichtlichen Diskontinuität zu empfinden sein – unter dem Signum des „Sinn“-Schöpfers *TOD*.)

Die englisch gesteuerte agnostische Physik ist nicht ewig; irgend einmal wird die Engländerei revidiert werden. Beim Übergang und Abschied von der physikalischen A-Gnosis, die grundsätzlich nicht *erkennen*, sondern „messen“ will (am eindruckvollsten wird dieser gewollte Agnostizismus von Prof. A. March betont), werden allerinteressanteste Fragen auftreten. Etwa die Frage der „unendlichen Geschwindigkeit“ oder Welt-Geschwindigkeit. Das *Werden* der Welt erfolgt mit einer bestimmten Geschwindigkeit, die nicht die Lichtgeschwindigkeit ist, die in allen Formeln der A-Gnosis des „Messens“ als invariable Größe auftritt. Im Zeichen der Theosophie ist die absolute und unendliche Geschwindigkeit des Welt-Werdens die F O R M des Menschen-Körpers. Das heißt: jetzt im Augenblick ist der Gott Menschenkörper das Ende und der Anfang des Weltvorganges. Jetzt im Augenblick *wird* der Gott Körper – mit unendlicher Geschwindigkeit – was er schon ist. Es ereignet sich jetzt im Augenblick die Synchronizität des Seins und des Werdens des Gottes – jetzt im Augenblick. – Die

Frage Galileis und Newtons nach der „Kraft“-Ursache der Geschwindigkeit, oder vielmehr der Geschwindigkeits-*Änderung* – es ist die Frage, die der *Mechanik* zu ihrer Glorie verhalf – und mit ihr die Unantastbarkeit des „Trägheitsgesetzes“ heben sich selbst auf. Der GOTT Körper fügt sich dem Trägheitsgesetz nicht, er verändert sich aus eigener Vollmacht. Das Wirkende seines Werdens und seiner Veränderung ist nicht eine von außerhalb kommende anonyme „Kraft“: Die *sichtbare* Kraft seines Werdens ist die *angeschaute* Menschen-FORM. – Wenn eingesehen wird, dass der „Blick“ der strengen Wissenschaft nicht kunst-fremd zu sein braucht, dann wird die Engländerei mit dem Segen Goethes abdanken. –

Durch diesen Abstecher in das Herzgehäuse derjenigen Form der abendländischen *Theologie* (notabene!), die Physik heißt (das Trägheitsgesetz nicht als perfektes Symbol des *Theismus* zu erkennen, wäre Dilettantismus), möchte ich mir die Erlaubnis verschafft haben zu dem Gedanken: Es sei die abstrakte Quaternität der obersten Systembegriffe der agnostischen Physik zu ersetzen durch die aus dem Gotte Menschenkörper erwachsende Quaternität, von der die Theosophie als von dem „Viergliedrigen Menschen“ spricht. Der „viergliedrige Mensch“ ist die viergliedrige WELT, die nach der Nomenklatur der Theosophie besteht aus: Physischem Leib, Ätherleib, Astralleib und Ich. – Eine ernst zu nehmende wissenschaftliche Physik kann nur Gotteslehre sein. Die großen Entscheidungen fallen (nicht in der Theologie, sondern) *in der Physik*. Die Theosophie als umfassende „physikalische Weltanschauung“ hat die Einheit des physikalischen und moralischen Weltvorganges zum Thema.

Man muss zu einem neuen Ansatz kommen, wenn die hoffnungsreiche Problematik der „Synchronizität“ nicht doch wieder in der alten Sackgasse des psychophysischen Parallelismus, der ja schon längst auf die *Akausalität* der Koinzidenz pocht, erstarren und versanden soll.

Um anzudeuten, von welcher Art die Synchronizitäts-Geschehnisse sind, die mich in meiner theosophischen Welt seit Februar 1919 bewegen, werde ich in einer Fortsetzung einige Beispiele anführen. An dieser Stelle möchte ich – vorgreifend – wenigstens *ein* Beispiel in seiner Struktur andeuten und bemerken, dass in allen meinen Beispielen der „Sinn"-Geber Tod eine Rolle spielt:

G l e i c h z e i t i g , als Adolf Hitler seine Marschkolonnen gegen Moskau in Bewegung setzte, am 21. Juni 1941, starb infolge eines Unglücks in den Bergen Mathys Barth, Student der Theologie und leiblicher Sohn von Karl Barth, einundzwanzigjährig. Ich erfuhr den Tod des Studenten, von dessen Existenz mir vorher nichts bekannt war, aus der gleichen Tageszeitung, der ich auch die Nachricht vom Angriff Hitlers auf Sowjetrussland entnahm. – Wenn ich vernünftig bin, werde ich in diesem Zufall keinen verborgenen „Sinn" suchen. Aber vielleicht lebe ich in einer Welt der SEELE, in der es „Geschichte" gibt, „sinn"-volle Geschichte vielleicht.

Übrigens ist das Zeitungsblatt, dem ich die obige Synchronizität entnahm, ein „Körper mit psychoider Eigenschaft". – Ich bitte Sie, mir einen Scherz für Theologen zu gestatten: „Die Bibel ist ein Körper mit psychoider Eigenschaft".

Mit freundlichen Grüßen
Ihr ergebener
Karl Ballmer

6) Zu Jungs „Synchronizität“ (Briefentwurf, Auszug)

Sehr geehrter Herr Dr. Schär!

Jungs Arbeit über „Synchronizität als ein Prinzip akausaler Zusammenhänge“ interessiert mich vorzüglich wegen der sehr bemerkenswerten Absicht [...]

[Es folgt hier eine weitestgehend textidentische Passage wie im Brief vom 1. Februar 1953 (oben S. 18-21).]

Wie es bei Jung stets der Fall ist, so droht auch in der Abhandlung über „Synchronizität“ hinter der Fülle der Anschauungen das Gespenst des Atheismus.

Um anzudeuten, von welcher Art die Synchronizitäts-Geschehnisse sind, die mich in meiner theosophischen Welt bewegen, führe ich vier Beispiele an:

1.) G l e i c h z e i t i g, als Adolf Hitler seine Marschkolonnen gegen Moskau in Bewegung setzte, am 20. Juni 1941, starb infolge eines Bergunglücks Mathys Barth, Student der Theologie und leiblicher Sohn von Karl Barth, ca. einundzwanzigjährig. Ich erfuhr den Tod des Studenten, von dessen Existenz mir vorher nichts bekannt war, aus der gleichen Tageszeitung, der ich auch die Nachricht vom Angriff Hitlers auf Sowjetrussland entnahm. Wenn ich vernünftig bin, werde ich in diesem Zufall keinen verborgenen „Sinn“ suchen. Aber vielleicht bin ich fähig, die treuherzig rechtschaffene Vernunft in ein Künstlerisches hinein zu amplifizieren. Und vielleicht lebe ich in einer Welt der SEELE, in der es „Geschichte“ gibt, „sinn“-volle Geschichte vielleicht. – Sie haben außerordentlich schön die Art des chinesischen „Sinn“-Erlebens dargestellt

(S. 565 f. von „Erlösungsvorstellungen und ihre psychologischen Aspekte"). Ich intendiere das Gleiche wie der Chinese, nur wittere ich „Einheit" auf modern-westliche Art. Im Vergleiche mit meiner Intention erscheinen die Rhineschen Experimente ziemlich banal; sie zielen nicht auf „Einheit", sie wollen zunächst einmal dem verialistisch verderbten Verstandestum die Extra Sensory Perception beweisen, d.h. die Tatsächlichkeit „übersinnlicher Wahrnehmung", die nichts mit einer Gehirntätigkeit zu tun hat. Das für westliche Gemüter *Sensationelle* der ESP ist stark uninteressant, wenn mir der Gedanke vertraut ist, dass das Subjekt *jeder* Perzeption in jedem Menschen die WELT ist, die sich selbst wahrnimmt.[1] Wenn die Meier, Huber und Müller das nicht wissen, so liegt das nur daran, dass sie näher liegende Daseinssorgen haben. Die auf „Einheit" und „Sinn" gerichtete Seelenkultur der Chinesen wird verständlich, wenn man annimmt, dass der soeben rational umschriebene Gedanke der Selbstwahrnehmung des GANZEN dem östlichen Seelentum als atavistischer Instinkt eingebildet ist, – ein Erbe uralter seelischer Hochkultur. Das sich selbst wahrnehmende Ganze lässt sich dann allerdings nicht als der Gott Eduard von Hartmanns – „das Unbewusste" – vorstellen. Persönlich darf ich bemerken, dass mir „übersinnliche Wahrnehmung" gleichgültig wäre, wenn diese nicht Bestandteil eines als Erkenntnis zu verstehenden „universellen physikalischen Monismus" (=Theosophie) sein könnte und der Sinnes- und Wahrnehmungslehre dieses Monismus entspräche. – Das Erblicken eines Synchronizitätsphänomens in meiner theosophischen „Welt" ist kein passives Wahrnehmen.[2] Es ist indes-

1 *Handschriftliche Variante:* … dass das Gehirn nicht der Produzent sondern die Gelegenheit des Erscheinens der Welt-Gedanken / die imponderable Materie = Gedanke

2 *Handschriftliche Variante:* Das Erblicken eines Synchronizitätsphänomens ist nur auf der primitiven Stufe der Rhineschen Experi-

sen kein unzumutbarer Gedanke, dass der wahrnehmende Blick nicht nur selektiv, sondern als „Blick" *produktiv* sein muss. Wenn also die Wahrnehmung in einem eminent „subjektiven" Akte erfolgt, so habe ich dennoch das Phänomen nicht konstruiert oder gemacht; sein Gehalt ist nicht nur mir, er ist auch andern zugänglich. Außer mir wird es eine größere Zahl von Leuten geben können, die, weil ihnen K. Barths Sorge um das deutsche Schicksal in seinem „Kirchenkampf" bekannt ist, sich von der zufälligen Koinzidenz der zwei Vorgänge an dem für das deutsche Schicksal entscheidenden 20. Juni 1941 beeindrucken lassen. –

Die landläufigen „psychologischen" Vorurteile sind nicht geeignet, derartige Synchronizitätsphänomene zu erhellen. Man ist im Abendland eine angeblich von Gott und Welt substanziell verschiedene „Seele", unter der Suggestion traditioneller Religion gar eine Seelen-„Substanz". Demgemäß versteht man unter Seele oder Ich eine *Gegebenheit*, anstatt unter dem „Ich" eine *Möglichkeit* zu wittern: nämlich die Möglichkeit, den Namen „Ich" anzuwenden zur Bezeichnung des Intimwerdens mit erlebten Geschehnissen, die das GANZE zeigen. Die Annahme, das wahrnehmende „Ich" bestehe *vor* dem Wahrnehmungsakte und *außerhalb* desselben, ist keineswegs selbstverständlich. Warum sollte es nicht Wahrnehmungsvorgänge geben, durch die so etwas wie ein mich bezeichnendes „Ich" allererst *entsteht*?

Die jüngste Physik bietet Anregungen zu erkenntnistheoretischen Revisionen, sofern man nur das Gegenteil des von ihr Intendierten für richtig hält. Die Physiker der Gegenwart, die es grundsätzlich überhaupt nicht mit Erkenntnis zu tun haben wollen, sondern auf die Beherrschung der Naturkräfte und auf

mente ein passives Wahrnehmen. Sowohl beim Chinesen wie bei mir produktiver Blick.

„Voraussagen“ über den Naturablauf abzielen (Weyl), haben so etwas wie eine Philosophie des Beobachters ausgebildet. Sie sind auf Wegen der Mess-Kunst dahinter gekommen, dass ihr Untersuchungsobjekt vom Beobachter im experimentellen Beobachtungsakte *verändert* wird, sodass es ein in seiner Konstitution vom Beobachter unabhängiges Objekt nicht gibt. Diese Sackgasse kann die Einladung zur Kehrtwendung bedeuten. Ein Repräsentant östlichen oder westlichen Seelentums könnte an die Adresse unserer englisch gesteuerten Physik kundtun: „Ihr wollt Gott und die Welt ‘messen’. Das ist – unter einem höheren Gesichtspunkte – Unfug. Ihr solltet einsehen, dass Ihr mit Eurer Mess-Arroganz das Objekt als solches niemals zu Gesicht bekommt, denn das Objekt will weder gemessen noch überhaupt beurteilt werden, es will *angeschaut* sein. Euer Mess-*Ideal* werdet Ihr nie erreichen, es wird Euch nie möglich sein, das Weltobjekt mit der Größe Null oder Unendlich zu messen, so sehr Ihr Eure Messmethoden raffiniert verfeinert. Lasst Euch das unerreichbare Ideal, mit der Maßeinheit Null zu messen, zum Symbol dafür werden, dass Ihr *selbstlos* werden sollt, um des reinen Objektes ansichtig zu werden. Anstatt ‘ich bin’ zu sagen, saget: ‘ich bin *nicht*, weil ich darauf warte, an der ‘Einheit’ der Welt Sinn-Erlebnisse zu haben, auf die ich erstmals den Namen ‘Ich’ anwende. Man ‘ist’ nicht ein ‘Ich’, sondern man *entsteht* als ‘Ich’ an der *angeschauten* Sinn-Einheit der Welt.“ –

„Das synchronistische Prinzip sagt: dass die Sonne in diesem Augenblick am Himmel steht, Wolken in bestimmten Formationen daran vorbeiziehen, hier ein Mensch einsam in seinem Zimmer arbeitet, dort Menschen in einem Saal versammelt sind, anderswo ein Kind geboren wird, wieder anderswo jemand auf den Tod krank ist; also alles das, was in einem bestimmten Augenblick geschieht, ist nicht Zufall, sondern darin waltet ein Sinn oder ein Gesetz, und darin ist eine alles umfassende Einheit. Darum kann der, der einen Teil dieser Situation erfasst, daraus das Ganze rekonstruieren." – „Auf diesem Prinzip beruht das chinesische Schafgarbenorakel des I-Ging, welches einem Wissenden nach gewissen Praktiken mit Schafgarbenstengeln ermöglicht, die Gesamtsituation nach dem Buche I-Ging zu deuten. Darauf beruht aber auch der Gedanke, dass der Mensch als Mikrokosmos von den gleichen Tendenzen und Gesetzen durchwaltet wird wie der gesamte Kosmos, die ganze Welt, der Makrokosmos. Der Mensch ist nicht ein Wesen für sich, sondern er nimmt auch am kosmischen Geschehen und dessen Sinn teil. So wie die Gestirnbahnen vom Tao durchwaltet werden, wird auch der Lebenslauf des Menschen vom Tao durchwaltet. Darum wird aber die Selbsterfahrung durchaus immer den Menschen über sich hinausführen zur Erfahrung der Welt und des Lebens überhaupt. Wer also in der Schulung dieser Geheimgesellschaften sich selber erfährt bis in die gewöhnlich verborgenen Tiefen des menschlichen Wesens hinab, der erfährt dadurch das Leben überhaupt. Die gestaltenden Kräfte des Weltalls und die gestaltenden Kräfte des Menschen entsprechen sich. Die vertiefte Selbsterfahrung transzendiert also über das Ich hinaus. So wie der Mystiker das Bewusstsein hat, von einem bestimmten Augenblick an nicht mehr nur die eigene Persönlichkeit zu erleben und bloß Dinge zu erfahren, die er sich arrangieren kann, so hat also der Chinese ebenfalls das Bewusstsein, einem weit Umfassenderen und Größeren zu begegnen." (H. Schär, Erlösungsvorstellungen und ihre psychologischen Aspekte, S. 566.)

In der Theosophie des Westens trägt der TAO, der die Gestirnwelt durchwaltet, den Namen CHRISTUS. Er ist der „Geist der Sonne". Er ist in jedem Augenblick der *Sinn* des ewigen Werdens unseres physikalischen Sonnensystems. Der Tao-Christus mutet den Menschen die Ungeheuerlichkeit zu: als den Sinn des Lebens den TOD zu wissen. Denn er ist das

Prinzip der Geschichte, und Geschichte gibt es, sofern der Tod die Ursache und Wirklichkeit des Lebens ist. Indem ein lebender Toter sich erinnert, wie sein Menschenkörper in Äonen geworden ist, geschieht im Akte des Erinnerns der Weltvorgang als Schöpfung: als „Geschichte“. – An die Adresse der Physiker gesagt: Die Natur am Ziele ihres Könnens bringt als ihr vollendetstes Produkt den menschlichen Leichnam hervor, um ihn sogleich zu zerstören. Wenn nun der Leichnam sich erinnert, wie er geworden ist, dann erfüllt sich das Ideal der Physiker, die ihr Messgerät als Null bei Null ansetzen möchten: indem Einer aus der Kraft des Todes schöpfermächtig Sich mit Sich selbst misst, aus „Nichts“ entstehend. – Ich kann es Bultmann und anderen Theologenmannen nachfühlen, wenn sie in der „mythologischen“ *Auferstehung* zunächst nur einen unzureichenden Ersatz für das erfüllte Physiker-Ideal zu sehen vermögen. Bultmann ahnt ganz richtig, dass der „Sinn“ der Auferstehung sich hier und jetzt in der *Gegenwart* zu erzeugen hat, – nachdem es sich im neueren Abendland herumgesprochen hat, dass mit dem „Glauben“ an das historische Museum keine „Kirche“ zu begründen ist, auch nicht mit einem „autoritär“ gesicherten und theologiewissenschaftlich gestützten „Glauben“. Andererseits ist der *chinesischen* Geistesart allerdings nicht zuzumuten, das TAO als die Handlungsart einer empirischen Person vorzustellen. Wenn des Chinesen „vertiefte Selbsterfahrung über das Ich hinaus transzendiert“, so erfährt er nicht eine Transzendenz *innerhalb* des „Ich“. Das Thema „Ich“ ist kein chinesisch-östliches Thema. Der Begriff „Ich“ ist eine abendländische Errungenschaft. Er bedeutet bei Hegel die Gottheit „Geist“, in der Theosophie bedeutet „Ich“ den GOTT Menschenkörper qua Geist. Das Generalthema der Theosophie ist: „Die Entwicklung des Gottes Menschenkörper – aus der Kraft des Todes – zu dem, der er schon ist, und in dieser Selbstentwicklung des Menschen die Wirksamkeit des Christus-Prinzips." Der Christus ist sozusagen ein Teil des sich entwickelnden Menschen, wobei es für den Theologen eine befremdende Zumutung bedeuten muss, dass der theologische Gottesbegriff theosophisch in das Thema „MENSCH" fällt. Durch die Tat des Christus, d.h. durch seinen Tod, werden die Menschen auf die Schöpferkraft des Menschen-Todes hingewiesen.

Das Geschehen in Palästina gewinnt in der theosophischen Schau einen von den Theologen nicht geahnten Gehalt: Im Zuge der Selbstentwicklung des MENSCHEN geht es vorzüglich um die Ausformung des Sinnes- und Wahrnehmungswesens, dessen eigentliches Subjekt ja die Welt selbst ist, sodass das originäre Wahrnehmungssubjekt in allen Menschen EINER ist. Im Zeitalter des Christusereignisses war der Entwicklungsstand erreicht und war in Palästina die einmalige Situation gegeben, dass der „Sinn" und „Schöpfer" von den gewöhnlichen Menschen mit natürlichen Augen als ein Mensch auf dem physischen Plan sinnlich gesehen werden konnte. Das war ein einmaliger Entwicklungsmoment, der kein zweites Mal eintreten kann. Die Menschen waren Zuschauer bei einem Geschehen, das den Gott in seiner Selbstentwicklung anging; sie waren weder Partner noch Mitakteure beim Geschehen, denn die Angelegenheit war exklusiv eine solche des Gottes. – Angesichts dieser Bedeutung der Ereignisse in Palästina erfährt die Sorge der „liberalen Theologie", die nach dem „religiösen Erlebnis im Urchristentum" fragt, eine Milderung (ich denke an Ihren Aufsatz in der Festgabe für Martin Werner 1947). Der *jetzt in der Gegenwart* handelnde Christus ist nicht mit Sinnesaugen zu sehen, er besteht als Objekt der Beobachtung in rein geistigen Akten und muss von den Beobachtern in rein geistigen Wahrnehmungen erkannt werden. Diese Wahrnehmungen haben notwendig einen *produktiven* Charakter, sie sind nicht minder „schöpferisch" als der von den Theologen gemeinte

Heilige Geist als „Schöpfer“ des „Glaubens“. Hier handelt es sich um die schon gekennzeichnete Möglichkeit, dass ich auf „Sinn“ und „Einheit“ von wahrgenommenem Transzendentem den Namen „Ich“ anwende, d.h. dass ich als „Ich“ in einem vertieften Sinne *an der Wahrnehmung entstehe.*[1]

Die Zeit der abendländischen armen „Seele“ ist abgelaufen. Diese arme Seele, als Hypothese einer vermeintlich christlichen

1 *Hier schloss folgender Text an, den Ballmer später durchstrich :* Der Hemmschuh einer derartigen Erkenntniserweiterung ist die arme abendländische „Seele“ – Hypothese einer vermeintlich „christlichen“ Psychologie, die Verrat begeht an dem Urgedanken, dass Seele zuerst eine Eigenschaft Gottes und der „Welt in Gott“ ist, bevor Meier und Huber – bewusst und unbewusst – an den weltweiten Zusammenhängen eines Seelen-Kosmos Anteil haben können. Über das Prinzip der Seele will sich die Theosophie nicht von Kirchenvater Aristoteles beraten lassen; sie weiß das „Leben“ der Seele nicht als Bios, sondern als Wirkung der Auferstehung des Gottes aus dem Tode. Theosophisches Prinzip der sich als „Ich“ wissenden Seele ist der Tod und die Auferstehung des Christus; die theosophische Psychologie als Seelen-Entwicklung ist eo ipso ein Thema der „Heilsgeschichte“ – nicht weniger als bei C. G. Jung, der aus der spätbürgerlichen Privatsorge „Seele“ wiederum ein ernstes Thema gemacht hat. Die vermeintlich christliche Psychologie statuiert die substanzielle Verschiedenheit der armen „Seele“ von Gott. Nach der Anschauung der Theosophie ist die Seele in den Einzelmenschen mit Gott substanziell identisch, und kann dennoch dem vollendet Göttlichen als einem absolut Transzendenten gegenüberstehen. Das ist das Problem der „Transzendenz im Ich“. Das entwicklungsfähige Ich in mir transzendiert in der vertieften Selbsterfahrung über sich hinaus, doch fällt auch das erfahrene Transzendente unter den Titel des – groß geschriebenen – ICH. Dieses ICH ist das Prinzip der *Entwicklung* sowohl in den als Hierarchien bezeichneten geistigen Mächtigkeiten wie in allen natürlichen Wesen. Weshalb die für Theologenohren sonderbar klingende theosophische Definition des Begriffes des „Schöpfers“ lauten kann: „Ein jegliches Wesen *entwickelt* sich vom Geschöpf zum Schöpfer“. Die Theosophie – als Christentum – dokumentiert eine für theologische Vorstellungen unwahrscheinliche Solidarität von Schöpfer und Geschöpf.

Psychologie, begeht Verrat an dem Urgedanken, dass Seele zuerst eine Eigenschaft Gottes und der „Welt in Gott" ist, bevor Meier und Huber – bewusst und unbewusst – an den weltweiten Zusammenhängen eines Seelen-Kosmos Anteil haben können. Theosophisches Prinzip der sich als „Ich" wissenden Seele ist der Tod und die Auferstehung des Christus, die theosophische Psychologie als Seelen-*Entwicklung* ist eo ipso ein Thema der „Heilsgeschichte" – nicht weniger als bei C. G. Jung, der aus der spätbürgerlichen Privatsorge „Seele" wiederum eine große und ernste Aufgabe gemacht hat. Das potentielle Ich in mir transzendiert in der vertieften Selbsterfahrung über sich hinaus, doch wird in einer nicht-atheistischen Weltanschauung auch das erfahrene Transzendente unter den Titel des – groß geschriebenen – ICH fallen müssen. Nach der Anschauung der Theosophie ist die Seele in den Einzelmenschen mit Gott substanziell wesensgleich, und kann dennoch dem vollendet Göttlichen als einem absolut Transzendenten gegenüberstehen. – Die theosophisch gesehene „Heilsgeschichte" fügt sich nicht in das kirchlich-trinitarische Schema der Sonderung von Schöpfung und Erlösung. Eine Erlösung, die nicht gegenwärtige Schöpfung wäre ist ebensowenig denkbar, wie eine Schöpfung, die nicht von Anbeginn an „Erlösung" ist. Denn „Schöpfung" ist nicht bequemer zu haben als kraft Erzeugung und Übernahme von „Schuld". Der Protest der „liberalen" Theologie gegen die Ausschaltung des Schöpfergedankens zugunsten einer zur Einmaligkeit verabsolutierten „Offenbarung" (z.B. in Ihrer an Martin Kähler anknüpfenden Arbeit von 1940, darin besonders im Schlusskapitel) ist notwendig. Die Versuche, mit der verabsolutierten „Offenbarung" der Bibel den Schöpfer als handelndes Subjekt einer *gegenwärtigen* „Geschichte" zu verbinden, sind nicht sehr glücklich. Wenn Gogarten sagte: „Geschichte ist etwas, das in der *Gegenwart* geschieht", stand er unversehens in der bedenklichen Nähe jener deutschen Theologen, die den Ausbruch des Dritten Reiches Hitlers als „Gottesstunde" diagnostizierten. Ein derartiges Risiko wird vermieden, wenn andere, z.B. F. Buri, sich geschichtsneutral verhalten, indem sie von vornherein nicht mit dem erfahrbaren objektiven „Sinn" einer „Weltgeschichte" rechnen. Verwandt verhält sich, aus andern Voraussetzungen heraus, die Gescheitheit und Konsequenz K. Barths, wenn er eine „Geschichte" als *gegenwärtige* Schöpferhandlung von den theologischen Themen ausschließt – nachdem er in seiner Frühzeit mit dem Gedanken wenigstens einer „Urgeschichte", ähnlich wie Overbeck und M. Kähler, gespielt hat. Wenn Sie den Schaden der verabsolutierten und einseitigen Offenbarungstheologie in der Kränkung und Unterdrückung des „religiösen Erlebens" sehen, und wenn Sie die ernste Berücksichtigung des von menschlichen Seelen religiös Erlebbaren fordern, so kennzeichnen Sie eine Aufgabe, der sich – ich meine dies sagen zu dürfen – R. Steiner mit der größten Hingabe widmete. Das große Problem – sei es einer „Erlebnistheologie", sei es einer an Jungs Seelenlehre sich orientierenden Theologie oder sei es einer anthroposophischen Schulung – scheint mir in der Frage enthalten zu sein, ob man eine begründete „Transzendenz im Ich", also ein im persönlichen Ich-Erleben erfasstes Transzendentes erreicht. Diese von Jung klar gesehene Aufgabe wird denn doch verharmlost, wenn etwa F. Buri, indem er Bultmann konsequent zu Ende denkt, schließlich unter „Heilsgeschichte" ganz einfach seine sonntägliche Predigt von der Kanzel des Basler Münsters verstehen muss. „Geschichte" dürfte bedeuten, dass man das Heilsgeschehen *anschaut*, nicht aber, dass man es kurzerhand selbst *ist*. Ob sich im allerpersönlichsten Erleben die „Sinn"-Mächtigkeit eines „Herrn der Geschichte" anzeigt, das scheint mir eine mögliche Problemstellung zu sein.

Inbezug auf die Gegenwart offeriert die Theosophie den Gedanken, dass die jetzt geschehende Weltgeschichte – im

Zeitalter zweier Weltkriege – das Terrain ist, auf dem die SEELE das Sterben und Auferstehen des *gegenwärtigen* Christus erprobt. Der zu entdeckende und zu erfahrende „Sinn“ der „gesellschaftlichen“ Konvulsionen über die ganze Erde hin ist das Geschehen, von dem die Theosophie als von einer Art Wiederholung des Geschehens in Palästina spricht, bei dem der Tao-Christus nicht als sinnliche Wahrnehmung, sondern durch geistige Akte der Einzelmenschen als Geistgestalt erscheint. Die theosophische Welt-*Anschauung*, aus deutscher Kraft und aus Goetheschem Mutterboden erwachsen, betrachtet sich als die Testamentsvollstreckerin des mit dem Christus in die Entwicklung des Menschen eingetretenen Impulses. Um sein Erscheinen als Geistgestalt zu ermöglichen, hat der Christus in den beauftragten Völker-Seelen und Volksgeistern seine Mitaktoren. Der Christus ist der Schöpfer der „Sinn-Einheit“ der in der Gegenwart geschehenden Welt-Geschichte. Die Theosophie Rudolf Steiners definiert den Begriff des *Schöpfers*, und diese für theologische Vorstellungen befremdliche und unwahrscheinliche Begriffsdefinition lautet: „Ein jegliches Wesen entwickelt sich vom Geschöpf zum Schöpfer“. Zu den sich entwickelnden Wesen gehören nicht nur die Wesen der natürlichen Dinge, sondern auch die geistigen Mächtigkeiten, die theosophisch als Hierarchien bezeichnet werden. Innerhalb der letzteren nehmen die Volksgeister eine bestimmte Rangstufe ein. Ihr „Ich“ als Prinzip ihres Handelns ist äußerlich nicht sichtbar, geradeso wie in der ebenfalls ohne Gehirn handelnden Amöbe deren „Ich“ äußerlich nicht zu sehen ist.

Der Teilhabe des deutschen Volksgeistes an der Veranstaltung des „Wiedererscheinens des Christus“ entspricht auf dem physischen Plan das „deutsche Schicksal“. Der Einbau eines neuen Elementes der Welt-Seele in das Wissen und Dasein der physischen Menschen geschieht unter Konvulsionen. Davon reden die Rätsel und Paradoxien, die Schrecken und der Un-

„Sinn“ der sozialen und kriegerischen Weltkatastrophen. Bei der *wirklichen* Geschichte – als der Handlung des „Schöpfers“ – sind weder diejenigen, die die Deutschen beargwöhnen, noch die Deutschen selbst mit Bewusstsein dabei. Doch war es immerhin ein großer Deutscher, Hegel, der die „List der Idee“ als die Schaffensart des Weltsubjektes beschrieb und als das Material der listigen Idee die Illusionen in den Köpfen der Völkerführer erkannte. Der Volksgeist – in Führern und Geführten – wirkt in der Sphäre des „Unbewussten“. Es wird eine Äußerung Rudolf Steiners über Adolf Hitler tradiert (sie muss sich auf die Zeit des Münchner Putsches von 1923 beziehen, da R. St. 1925 starb): Hitler habe eine Marien-Imagination gehabt, doch habe er nicht begriffen, was er schaute. – Ich denke, dass das Symbol der Maria den Mutterschoß der Volksseele andeutet, der die Probleme des sich durchringenden und behauptenden weltförmigen „Ich“ gebiert, – während auf dem physischen Plan die „Siegermächte“ des ersten Weltkrieges die Entmachtung und Erniedrigung Mitteleuropas, d.h. des Volkes Fichtes, Hegels und Schellings betrieben. Man mag vor der befremdlichen Äußerung Rudolf Steiners erschrecken – oder auch sich von ihr die Vermutung bestätigen lassen, dass eine „jenseits der Schwelle“ manifeste „Geschichte“ (Urgeschichte) und die Zeitungsgeschichte zwei verschiedene Dinge sind.

7) Zu Jungs „Synchronizität“ II (Brief an Hans Schär, 6. Februar 1953)

Sehr geehrter Herr Dr. Schär!

Bevor ich auf die in Aussicht gestellten Beispiele von Synchronizitätsgeschehnissen in meiner theosophischen „Welt“

komme, wobei ich auf Ihre schöne Darstellung des *chinesischen* „Sinn“-Erlebens Bezug nehmen werde, möchte ich vorgängig eine Einschiebung machen:

Es ist in einem allerobjektivsten Sinne interessant und verdient bemerkt zu werden, wie Jungs Problem der „Synchronizität als ein Prinzip akausaler Zusammenhänge“ im Jahre 1909 von Rudolf Steiner entfaltet wurde, im Rahmen des Berliner Vortrages vom 17. Juni, Nr. 2026, über „Evolution, Involution und Schöpfung aus dem Nichts“.

Ich gebe zu, dass es für den Akademiker eine gewisse Schwierigkeit bedeutet, den „esoterischen“ Duktus eines solchen Vortrages R. Steiners in die gewohnte Denklage zu „übersetzen“. Der zweckdienliche Gesichtspunkt bei solcher Übersetzung ist dieser: Die theosophische Definition des Begriffes des SCHÖPFERS lautet, für den Theologen etwas verblüffend: „Ein jegliches Wesen entwickelt sich vom Geschöpf zum Schöpfer“. Indem nun Steiner – untheologisch – vom Schöpfer spricht, schildert er stets und konsequent die sich entwickelnden geschöpflichen Wesen, und spricht geradezu vom Standpunkte der sich Entwickelnden. Dadurch entsteht dann leicht das Missverständnis, der theosophische Schöpfer sei nicht auch *für sich selbst* und unabhängig von „jeglichen Wesen“ der Beachtung wert. Dieser Gesichtspunkt ist wichtig; der theologisch Gebildete muss sich ihn aneignen, wenn er nicht am eigentlichen Inhalt vorbei lesen will. – Ich lege diesem Briefe die Abschrift eines Teiles des Vortrages Nr. 2026 bei, weil es für mein Empfinden doch sehr auf den genauen Wortlaut ankommt. Hier dagegen will ich, um dem Vergleiche des Problems bei Jung und bei Steiner zu dienen, das Notwendige in freier Umschreibung anzudeuten versuchen.

Im Lichte der theosophischen Definition des „Schöpfers“ („ein jegliches Wesen entwickelt sich vom Geschöpf zum Schöpfer“) besteht das letzte Entwicklungs-*Ziel* des Menschen darin, einmal „das Bewusstsein von der Schöpfung seiner selbst“ zu erlangen, d.h. das Bewusstsein für seine „Schöpfung aus Nichts“. Der Begriff „Schöpfung aus Nichts“ wird im Vortrag als „allerwichtigster und allerschwierigster Begriff“ bezeichnet. Bei dem Vortragenden bestand in didaktischer Hinsicht insofern eine heikle Situation, als der Begriff dem teilweise in östlich akzentuierten Vorstellungen lebenden theosophischen Hörerpublikum wenn nicht gerade konträr, so doch mindestens ungeläufig sein musste. Wie ja R. Steiner als Lehrer sehr viel Mühe und Geduld aufwendete, einem zunächst englisch orientierten theosophischen Publikum die Vereinigung gewisser theosophischer Vorstellungen von karmischer Selbstvollendung und „Selbsterlösung“ mit den Grundvorstellungen des Christentums verstehbar zu machen; sind doch objektive „Erlösung“ und „Schöpfung aus Nichts“ exclusiv christliche Vorstellungen, für die in der Geistigkeit des Ostens kein Raum ist. – Im Vortrage Nr. 2026 kam es dem Vortragenden u.a. sehr darauf an – (zeitlich fiel der Vortrag übrigens mitten in spannungsreiche innertheosophische Auseinandersetzungen zwischen einer englisch gelenkten östlichen Strömung (Frau Besant) und der mitteleuropäischen „Anthroposophie“-Richtung) –, einem theosophischen Hörerkreis den Gedanken vorzulegen, dass „jede wahre Entwicklungstheorie niemals wird den Gedanken der Schöpfung aus Nichts fallen lassen können“.

Jung versteht die „Synchronizitäts“-Geschehnisse als *Schöpfungs-Akte*. Er sagt S. 105 seiner Abhandlung: „Die Synchronizität ist nicht rätselhafter oder geheimnisvoller als die Diskontinuitäten der Physik. Es ist nur die eingefleischte Überzeugung von der Allmacht der Kausalität, welche dem Verständnis Schwierigkeiten bereitet und es als undenkbar erscheinen lässt, dass ursachelose Ereignisse vorkommen oder vorhanden sein könnten. Gibt es sie aber, so müssen wir sie als *Schöpfungsakte* ansprechen im Sinne einer creatio continua … Man muss sich selbstverständlich davor hüten, jedes Geschehen, dessen Ursache unbekannt ist, als ursachelos aufzufassen ... Wie schon betont, besteht der 'Mangel an Erklärbarkeit' nicht etwa nur aus der Tatsache, dass die Ursache unbekannt ist, sondern daraus, dass eine solche mit unseren Verstandesmitteln auch nicht denkbar ist."

Es ist nun sehr interessant, jedenfalls für mich, zu beobachten und zu bemerken, *wie* R. Steiner in seinem Vortrage am 17. Juni 1909 in Berlin über die Jung'sche „Synchronizität" spricht. Sein Sprechen ist sichtlich dasjenige des Seelen-*Erziehers*, der in der Mitteilung von „interessanten" Forschungsergebnissen pädagogisch zurückhaltend verfährt. Die „Synchronizitäten" werden im Vortrage R. Steiners nicht sogleich an „rätselhaften" Koinzidenzen bei Vorgängen der äußeren Welt aufgewiesen; es wird mehr in psychologisch subtiler Weise den Hörern eine Vorstellung davon vermittelt, dass es innerhalb des gewöhnlichen normalen Bewusstseins die Erfahrung von „akausalen" Zusammenhängen geben kann, die als „Schöpfungen aus Nichts" zu bewerten und zu verstehen sind.[1]

Ich denke: Rudolf Steiner erweist der „theologischen Situation" eine Wohltat, indem er den klobigen theologischen Monstrebegriff und Zuchtprügel „Schöpfung aus Nichts" ein wenig „entmythologisiert", und ihn inmitten der redlichen Vernünftigkeit von „suchenden Menschen" bewahrheitet.

Ein Unterschied zwischen der Äußerungsart R. Steiners und C. G. Jungs über die akausalen Beziehungs-Erlebnisse ist darin begründet, dass der Pädagoge Steiner aus einer umfassenden „Metaphysik" heraus wirkt, während Jung als Psychologe sich jede metaphysische Stellungnahme verbietet.

*

1 An dieser Stelle fügte Ballmer in einem Entwurf zu diesem Brief die Passage mit dem Steiner-Zitat ein (siehe nächste Nummer).

Weil der von der akademischen Physik grell beleuchtete Begriff der Akausalität denn doch nicht das letzte Fundament einer universellen „physikalischen Weltanschauung“ abgeben kann, wage ich einen Gedanken über den *Umschlag* der „Akausalität“ der Beziehungs-Erlebnisse in die una et prima causa:

Die rohe theistische Vorstellung, zuerst sei der Schöpfer und dann die Welt, lässt sich nicht halten, wenn „Gott“ und „Welt“ identische Begriffe sind. Der „Schöpfer“ ist eine Eigenschaft, ein Attribut, eine Fakultas der – W E L T. Theologisch: Gott brauchte nicht wesensnotwendig die Welt zu schaffen; dass er sie schafft, ist ein freier Akt. – Der gleiche Gedanke kann im Zeichen der Theosophie ausgedrückt werden: Der Weltverlauf hat bisher keine Ursache. In der *Gegenwart* tritt der „Sinn“ des Weltvorganges auf. Damit ist das gegenwärtige *Ende* des bisherigen Weltverlaufes, als dessen „Sinn“, die prima causa der Welt. Die Schlange beißt sich in den Schwanz. In einem höheren Sinne sind „Sinn“ und „Causa“ absolut das Gleiche. Und die fromme Zuneigung gar mancher heutiger Naturwissenschaftler zum Teleologismus ist unzeitgemäß, wenn die End-Ursache in die *Gegenwart* fällt.

Mit Gruß
Ihr
Karl Ballmer

8) Zu Jungs „Synchronizität“ II.
(Briefentwurf, Auszug, 4. Februar 1953)

Sehr geehrter Herr Dr. Schär!

Der Aufsatz von Markus Fierz „Zur physikalischen Erkenntnis“ im Eranos-Jahrbuch 1948 (den ich heute am 4. Februar las) [...]

[Die Anfangspassage dieses Briefentwurfs hat Ballmer sich entschlossen in einen weiteren Brief (es blieb dann ebenfalls beim Entwurf) „Synchronizität III" zu verschieben (siehe hier S. 45). Eine weitere Passage ist in den abgeschickten Brief vom 6. Februar1953 eingegangen (siehe vorherige Nummer), jedoch ohne den hier folgenden Abschnitt, der hauptsächlich aus einem Steiner-Zitat besteht. Da Ballmer, wie er sowohl im Entwurf wie im abgeschickten Brief erwähnt, „die Abschrift eines Teiles des Vortrages Nr. 2026" ohnehin beilegte (diese Abschrift ist nicht erhalten), verzichtete er darauf, innerhalb des Briefes zusätzlich zu zitieren.]

Ich kann nun doch nicht vermeiden, den Passus des Vortrages R. Steiners, der das Synchronizitätsproblem in statu nascendi beschreibt, hier im Wortlaute anzuführen:

„... Nehmen Sie an, Sie hätten einen Menschen vor sich, der zwei anderen gegenübersteht. Nehmen wir alles das, was zur Entwicklung gehört, zusammen. Nehmen wir den einen Menschen, der die zwei andern betrachtet, und sagen wir: er ist durch frühere Inkarnationen hindurchgegangen, er hat das herausentwickelt, was frühere Inkarnationen in ihn hineingelegt haben. Das ist auch bei den beiden anderen Menschen der Fall, die vor ihm stehen. Nehmen wir nun aber an, dieser Mensch sagt sich jetzt folgendes: 'Der eine Mensch neben dem anderen nimmt sich hier doch sehr schön aus.' Es gefällt ihm, dass gerade diese zwei Menschen nebeneinander stehen. Ein anderer Mensch brauchte gar nicht dieses Wohlgefallen zu haben. Das Wohlgefallen, das der eine an dem Zusammenstehen hat, das hat gar nichts zu tun mit den Entwicklungs-Möglichkeiten der beiden anderen, denn das haben sie sich nicht erworben, dass sie nebeneinander stehend dem dritten gefallen. Das ist etwas ganz anderes, das hängt allein davon ab, dass *er gerade* den beiden Menschen gegenübersteht. Sie sehen also, der Mensch bildet sich im Innern das Gefühl der Freude, über das Zusammenwirken der beiden, die vor ihm stehen. Dieses Gefühl ist durch gar nichts bedingt, was mit der Entwicklung zusammenhängt. Solche Dinge gibt es in der Welt, die nur dadurch entstehen, dass die Tatsachen zusammengeführt werden. Es handelt sich nicht darum, dass die beiden Menschen durch ihr Karma verbunden sind. Diese Freude, die er daran hat, dass die beiden Nebeneinanderstehenden ihm gefallen, wollen wir in Betracht ziehen ... Der Mensch hat eine ganze Menge Angelegenheiten, die nichts zu tun haben mit einer früheren Entwicklung, sondern dadurch da sind, dass der Mensch in Berührung kommt mit der Außenwelt, durch gewisse Verhältnisse. Aber dadurch, dass der Mensch diese Freude hat, ist sie in ihm etwas geworden, ist sie für ihn ein Erlebnis geworden. Es ist etwas entstanden in der Menschenseele, was durch nichts Früheres bestimmt ist, was aus dem Nichts heraus entstanden ist. Solche Schöpfungen aus dem Nichts entstehen fortwährend in der menschlichen Seele. Es sind die Erlebnisse der Seele, die man nicht durch Tatsachen erlebt, sondern durch Relationen, durch Beziehungen zwischen den Tatsachen, die man sich selber herausbildet. Ich bitte, wohl zu unterscheiden zwischen Erlebnissen, die man aus den Tatsachen, und denjenigen Erlebnissen, die man aus den Beziehungen zwischen den Tatsachen hat. Das Leben zerfällt wirklich in zwei Teile, die ohne Grenze ineinanderlaufen. In solche Erlebnisse, die streng durch frühere Ursachen, durch Karma bedingt sind, und in solche, die nicht durch Karma bedingt sind, sondern neu in unseren Gesichtskreis hereintreten. Es gibt ganze Kapitel im menschlichen Leben, die in dieses Kapitel fallen ...

... Das Schaffen aus Verhältnissen heraus nennt man in der christlichen Esoterik das Schaffen im Geiste. Und das Schaffen aus richtigen, schönen und tugendhaften Verhältnissen heraus nennt man in der christlichen Esoterik den Heiligen Geist. Der

Heilige Geist beseligt den Menschen, wenn er imstande ist, aus dem Nichts heraus das Richtige oder Wahre, das Schöne und Gute zu schaffen. Damit aber der Mensch imstande geworden ist, im Sinne dieses Heiligen Geistes zu schaffen, musste ihm ja erst die Grundlage gegeben werden, wie zu allem Schaffen aus dem Nichts. Diese Grundlage ist ihm gegeben worden durch das Hereintreten des Christus in unsere Evolution. Indem der Mensch auf der Erde das Christus-Erlebnis erleben konnte, wurde er fähig aufzusteigen zum Schaffen im Heiligen Geist. So ist es Christus selbst, welcher die eminenteste, tiefste Grundlage schafft. Wird der Mensch so, dass er fest steht auf dem Boden des Christus-Erlebnisses, dass das Christus-Erlebnis der Wagen ist, in den er sich begibt, um sich weiterzuentwickeln, so sendet ihm der Christus den Heiligen Geist, und der Mensch wird fähig, im Sinne der Weiter-Entwicklung das Richtige, Schöne und Gute zu entwickeln."

Der Unterschied zwischen der Äußerungsart R. Steiners und C. G. Jungs über die akausalen Beziehungs-Erlebnisse ...

[Es folgt in diesem Entwurf der Schluss des Briefes wie in der abgeschickten Variante (siehe oben S. 41).]

9) Zu Jungs „Synchronizität" III (Briefentwurf, 12. Februar 1953)

Sehr geehrter Herr Dr. Schär!

Für die Ausarbeitung der angekündigten Beispiele möchte ich mir gemächlich Zeit lassen. Inzwischen werden Sie mir wohl erlauben, dass ich auf einiges Physikalische Bezug nehme, das im ERANOS-Jahrbuch 1946, 1948, 1951 mein Interesse erregte. – Ich brachte ja meine Überzeugung schon zum Ausdruck, dass die großen Entscheidungen in der *Physik* fallen würden. Ich begleite Jungs Einbruch in die Physik mit großen Erwartungen und Hoffnungen. – Wenn es zunächst so aussieht, als ob die Eranos-Gemeinschaft für die Physiker Schrödinger und Weyl keine Anregung ist, über ihren bisherigen Status hinauszugehen und anderes zu sagen, als sie bisher schon immer gesagt haben, so denke ich dennoch, dass sich die Herren leichtsinnig in Gefahr begeben (objektiv gemeint), indem sie sich der Begegnung mit der Jungschen „Seele“ exponieren. – Jung erwägt mit wissenschaftlichem Ernst den Gedanken der „Identität von Psyche und physikalischem Kontinuum“ (Der Geist der Psychologie, ERANOS-Jahrbuch 1946, S. 484). Da es der *psychologische Empiriker* Jung ist, dem sich diese Perspektive auf das Kontinuum eröffnet, so bedeutet sein Gedanke einiges mehr als die in gleicher Richtung zielenden Vermutungen von Eddington und Jeans. – Ich werde am Schlusse dieses Briefes anzudeuten versuchen, dass es im Zeichen der *Theosophie* absonderlich wäre, unter dem physikalischen Kontinuum etwas anderes als die „Psyche“ zu verstehen. Dabei wird die Frage zur Entscheidung stehen, ob die heute als wissenschaftlich geltende Theorie der Wahrnehmung, der die „Empfindung“ als *Wirkung* gilt, die auf eine „energetische“ *Ursache* weist, haltbar oder nicht haltbar ist. Vielleicht wartet der zentrale Gedanke der „*akausalen* Verknüpfung von Ereignissen“ darauf, seine ganze Bedeutsamkeit an der Frage, was eigentlich eine Wahrnehmung sei, zu manifestieren.

*

Der Aufsatz von Markus Fierz „Zur physikalischen Erkenntnis“ im ERANOS-JAHRBUCH 1948 (den ich am 4. Februar las) vermerkt zwei für meinen Gesichtspunkt interessante „Synchronizitäten“:

1.) Galilei, der Vater der wissenschaftlichen Physik, wurde am gleichen Tage geboren, an dem Michelangelo starb.

2.) S. 454: „Im selben Jahre (1900), in welchem Planck den ersten Schritt zur Quantentheorie gemacht hat, ist die 'Traumdeutung' von S. Freud erschienen ... Die zeitliche Parallelentwicklung, die wir an diesen beiden Wissenschaften – Physik und Psychologie – beobachten können, lässt rein äußerlich auf einen Zusammenhang schließen, der in der Wandlung der Geisteshaltung des Menschen in neuester Zeit begründet sein muss." Das ist ein „geschichtlicher" Gesichtspunkt innerhalb des Psychologischen.

Es ist geistvoll – oder „verführerisch", wie es S. 455 heißt –, wenn Fierz, allerdings noch *vor* dem Ausbruch aus der alleinseligmachenden Physik-Kirche, Physik und Psychologie als zwei „komplementäre" („komplementär" im Sinne der Quantentheorie) Betrachtungsweisen auffasst. Nur ist leider der vielberedete Gedanke der Komplementarität, der mit der „Doppelnatur des Lichts" rechnet („Korpuskel"-Geschehen und „Wellen"-Geschehen), ein Produkt der griechischen Erb-Illusion, die noch immer „Körper" und „Seele" als *zwei* Wesen ansehen möchte, anstatt darunter zwei Ansichten der gleichen Sache zu verstehen. Ich behaupte: Das physikalische LICHT, d.i. der „Gott KÖRPER", ist als Körper („Korpuskel") und als bewegender Wille („Welle") EINER. Der Gott Menschenkörper ist Denker (also Licht, d.h. physikalisch, in Übereinstimmung mit der modernen Physiologie, die einen körperlosen Denkergott ohne physisches Gehirn nicht zulässt: Korpuskel) und ist anderseits willentlicher Selbstbeweger der Welt (im physikalischen Symbol: Wellenvorgang). Das Verblüffende in den Wechselbeziehungen der atomischen Lichtvorgänge ist nun, dass sie sich der Quantentheorie als Verhältnisse zeigen, die durch *ganze Zahlen* auszudrücken sind. Diese ganzen Zahlen der Quantentheorie werden von den Physikern als eine Art

„Wunder“ empfunden. Und diese ganzen Zahlen symbolisieren ja durchaus den Gott und Einen (trotz dem frommen Reaktionär Bavink, der schrieb: Physik treiben heiße, dem lieben Gott seine Quantensprünge nach-*zählen*. Nein, gezählt wird in der „Engländerei“, in einer präsumtiven gehaltvolleren Physik wird Gott nicht *gemessen*, sondern angeschaut.)

Verhängnisvolle Fehlpositionen zweier Vertreter der alleinseligmachenden Physik-Kirche – Schrödinger und Weyl – kommen im ERANOS-JAHRBUCH 1946 und 1948 zum Ausdruck.

Schrödinger demonstriert, warum für ihn der Gedanke, dass das Objekt einer wissenschaftlichen Physik nur Gott sein kann, unannehmbar ist. Das „Ich“ (der „Geist“) könne nie *Objekt* werden, behauptet er. Aber sein Beweis ist unzureichend; der Beweis ist durch Berufung auf die Schopenhauersche Subjekt-Objekt-Korrelativität oder auf einen Kommentator der Vedanta-Philosophie nicht zu erbringen. Der zwingende Beweis, dem ich mich füge, würde lauten: Allerdings, wenn das Prädikat „Ich“ einem Geringeren als dem Gotte Menschenkörper erteilt wird, ist es niemals als Objekt gegeben. Nur wenn die Welt gleichsam *zweimal* „gegeben“ ist, einmal als der Gott Menschenkörper, und einmal dadurch, dass der Gott Menschenkörper sich als S E E L E den sogenannten Menschen (zugleich zu deren Selbst-Entwicklung) zur Verfügung stellt, kann die Welt als „Ich“ ein echtes *Objekt* sein. Wenn ich durch Synchronizitätserlebnisse in der Transzendenz „ICH“ erfahre, um an der Erfahrung und Wahrnehmung als „ich“ zu entstehen, so nehme ich Welt-Objektives wahr. Schrödinger hat also ganz recht, wenn er von seiner Position aus ein objektives „Ich“ bestreitet. – Dabei liegen in der akademischen Physik bedeutende Motive, um zur Anerkennung des *objektiven* „Ich“ zu gelangen: Der akademische Physiker hätte sich zu sagen, dass der Satz „ich bewege meinen Arm“ ein physikalischer Nonsens ist. Ich bin nicht der Aktor der Bewegungen meines Körpers; Aktor ist der Gott, der mir sein Wohnhaus zur Verfügung stellt. Physikalisch richtig verstanden sind meine Körperbewegungen, deren inniger Teilnehmer „ich" ja bin, in Wahrheit als der objektiv angeschaute ICH zu bewerten. Meine Körperbewegungen, deren Aktor ich kraft einer unvermeidlich zu meinem Dasein gehörenden *Illusion* zu sein scheine, sind physikalisch objektive *Welt*-Ereignisse, die von meinen Bewusstseinserlebnissen nur *begleitet* werden. Das objektive „Ich", das nach Schrödinger unmöglich sein soll, ist also eine Forderung der Physik selbst. – Herr von Weizsäcker vom „Gestaltkreis", der mit viel Geist das Problem der menschlichen Selbstbewegung bearbeitet, hat das objektive Ich unter dem Titel „Subjekt" in eine vermeinte „Biologie" eingeführt, und leider noch nicht in die *Physik*. Doch Herr von Weizsäcker ist zu optimistisch, wenn er den ehernen Notwendigkeiten der „materialistischen" Physik sich zu entziehen gedenkt, und uns mit vorgetäuschter „Biologie" die Müller und Huber als „Selbstbeweger" offeriert. Herr von Weizsäcker ist Mitträger am griechischen Erb-Übel, er erfrägt den sich bewegenden Menschen nicht als Gott und als Welt, sondern noch immer als „Leib-Seele-Verhältnis". Der Abschied von der armen Seele der abendländischen Religion fällt schwer. Die arme Seele kommt als Selbstbeweger nicht in Betracht – schon aus Respekt vor dem Materialismus, der sich jedenfalls überflüssige Illusionen zu verbieten weiß. Es ist unbescheiden von Seiten derer, die den Liebhaber der WELTSEELE Giordano Bruno verbrannten, uns noch immer die aristoteleskatholische „forma corporis" anzubieten, die in Meier, Müller und Huber eine mit Gott *nicht* identische „Substanz" sein soll. Theosophisch ist die forma corporis ein Gott und als dieser die F O R M der W E L T.

Ist Physik nicht die Wissenschaft vom K Ö R P E R ? Hat die Physik nicht den Körper als das der Forschung vorausgehende und von ihr unabhängige Objekt anzusehen? Treiben die Physiker, weil sie sich über ein angebbares Objekt ihrer Forschung auszuweisen verstehen, *Wissenschaft* – oder sind sie Lyriker? Im ERANOS-JAHRBUCH 1948 erfasst H. Weyl die aktuelle Situation der akademischen Physik durch den symbolisch aufschlussreichen Titel: „Wissenschaft als symbolische Konstruktion des Menschen". Er dokumentiert seine Ablehnung des Gedankens, dass nur Gott das Objekt einer ernsthaften wissenschaftlichen Physik sein kann, durch die Behauptung: dem Geiste komme die Anschauung von *aktuell-unendlichem* Geschehen nicht zu.

Man sollte einsehen, dass die vermeintlich so originelle Physik nie etwas anderes war als – maskierte Theologie. Die griechischen Erbbegriffe, mit denen im Abendland „Wissenschaft" gebaut wird, waren zuerst Begriffe der *Theologie*. Der Grundgedanke der abendländischen Theologie: der von der Welt verschiedene unkörperliche Gott, – ist auch der Grundgedanke der Physik. Diese Physikotheologie weiß: ein Körper „geschieht" nie aus eigener Vollmacht und aus eigenem Vermögen, er hat zu warten, bis eine von außen kommende „Kraft" seinen Zustand ändert. Wenn der GOTT dieser Physikotheologie *kein* Körper ist, dann kann es, weil einzig Gott aus eigener Kraft „geschieht", auch keinen sich selbst verändernden Körper geben. Aufgebaut auf diesem Grundgedanken (der noch heute die philosophisch-*weltanschauliche* Relevanz der Physiktheorie erschöpfend kennzeichnet), hatte die Physik von Beginn an wenig Aussicht, ihr Programm, Wissenschaft des Körpers zu sein, zu erfüllen. Und heute ähnelt sie, als „Konstruktion in reinen Symbolen" (Weyl), stark einer – spätbürgerlichen Lyrik.

(Nebenbei: Man bemerkt nicht einmal, wie fraglich der Anspruch der „modernen" Physik ist, Wissenschaft zu sein. Ist es denn nicht das Merkmal echter Wissenschaft, dass sie ein der Forschung vorausliegendes und von ihr unabhängiges Objekt hat? Heute wird landauf landab mit dem Gedanken kokettiert: ein von der Forschung unabhängiges Objekt könne es deswegen nicht geben, weil doch im modernen physikalischen Kabinett das Objekt unvermeidlich *durch den Beobachter verändert* wird. An diesen Tiefsinn werden dann noch tiefsinnigere „erkenntnistheoretische" Belehrungen geknüpft, die zugleich einem steril gewordenen Philosophentum beweisen sollen, dass die forschen Physiker die Führung übernommen haben. Aber die Veränderung des Objektes durch den „Beobachter" ist schließlich keine ganz neue methodische Schwierigkeit. Die theologi sind immerhin schon früher, indem sie als „aufgeklärte" Beobachter des Objektes BIBEL das Objekt „veränderten", auf die Frage gestoßen, ob möglicherweise der „Blick" ungekonnt und unzulänglich sei. Die theologi werden daher möglicherweise den Gedanken der Theosophie zur Kenntnis nehmen: in der Bibel werde nicht Rankesche Historie und Biographie geboten, sondern Einweihungsgeschehen, das früher in nicht öffentlichen Mysterien gepflegt wurde, in das Licht einer öffentlichen Geschichte gerückt. – Um den modischen Physikjournalismus als Gerede von der unabweislichen Veränderung des Objektes durch den „Beobachter" zu durchschauen, möge man die Überlegung anstellen: Es kann einem Bildchen des Paul Klee gleichgültig sein, ob es durch den beobachtenden Blick eines Herrn Kümmerlich „verändert" wird.)

Die größte Blamage haben uns die Griechen, unsere Wissenschafts-Väter, mit dem Geschenk ihrer Vorstellung von der *ZEIT* besorgt; unter den von den Griechen ererbten Vorstellungen ist die Zeitvorstellung die fatalste. Es ist ein für Platon und Aristoteles unerreichbarer Gedanke, dass die Handlung des Gottes Menschenkörper ein *a-zeitliches* physikalisches Geschehen sein könne. Aristoteles bestreitet ausdrücklich die Möglichkeit, aktuell Unendliches zu erkennen. Inzwischen hat das Abendland – im Gefolge der Wärmetheorie und des in ihr fundierten Energiekonstanzgesetzes – Vorstellungen über den Gesamt-Weltvorgang ausgebildet. Aber nun waren die philosophischen Vorstellungen über die Zeit absurd unzulänglich. Dazu ist im Zeichen der Theosophie zu sagen: Die Zeit ist eine Eigenschaft des *abgeschlossenen* Weltprozesses. In der *gegenwärtigen* Handlung des Gottes Körper durchdringen und decken sich – jetzt im Augenblick – das Ende und der Anfang des geschlossenen Weltvorganges. Diese Handlung ist als physikalisches Geschehen *a-zeitlich*. Die reelle „Gegenwart" ist kein Modus der „Zeit", Vergangenheit und Zukunft sind in einer bestimmten Weise ausgeweitete Gegenwart (Gottes). Es gibt in der irdischen Sinnenwelt a-zeitliches, *ewiges* Geschehen. Mit Goethe! Mit griechischer Philosophie ist allerdings ein physikalisches Aktuell-Unendliches nicht zu begreifen. Dass die Zeit die Wechselwirkung zwischen dem Anfange und dem Ende des Weltvorganges sei, und daher die wirkliche physikalische Zeit „Gottes eigene Zeit" (K. Barth), diesen Gedanken dachten die Griechen ebensowenig wie den Gedanken des Gottes KÖRPER. Den Erben der griechischen Impotenz aber ist unsere Sorge um ein gegenwärtig-ewiges objektives Physikum fremd. Diese Erben höhnen: „Die Hoffnung, man werde … doch noch dem objektiven Geschehen … oder der absoluten Zeit auf die Spur kommen, dürfte nicht besser begründet sein als die Hoffnung, irgendwo in den unerforschten Teilen der Antarktis werde schließlich doch noch das Ende der Welt gefunden werden." (Werner Heisenberg, Wandlungen in den Grundlagen der Naturwissenschaft, 8. Aufl. 1948) –

Dass die „absolute" oder wirkliche physikalische Zeit „Gottes eigene Zeit" sei, ist theosophisch zu beleuchten durch den folgenden Gedanken: Meier und Müller nehmen am geschlossenen Weltvorgange teil als sich wiederholt verkörpernde Geistwesen (als „Geistesmenschen"). Die Bewusstseinserlebnisse der

Meier und Müller sind nicht physikalisches Welt-Geschehen. Das sich wissende „Dasein“ der Meier und Müller in *einer* ihrer Inkarnationen ist nicht *gegenwärtiges* Geschehen im strengen Sinne. Der *Sinn* des Daseins der Meier und Müller erfüllt sich nicht in der Gegenwart einer *einzigen* Inkarnation. Der Daseins-Sinn *einer* Inkarnation Meiers ergibt sich als ein Schnittpunkt zwischen Vergangenem und Zukünftigem. In dem von Meier erlebten „Ich“ ist Vorstellung und Wille; die Vorstellungen Meiers stellen in Wirklichkeit den *Keim* zu der nächstfolgenden Inkarnation dar, und in den Willensakten Meiers ist das real Wirkende nicht etwa das gegenwärtige „Ich“, sondern das „Ich“ der vorherigen Inkarnation. Die Irrealität der „Gegenwart“ der Meier und Müller – als Schnittpunkt zwischen Vergangenem und Zukünftigem – hat ihre Realität in „Gottes eigener Zeit“, d.h. in der SEELE, die der Gott Menschenkörper dem geschlossenen Weltvorgange und darin den Meiern und Müllern zur Verfügung stellt. – Das von Meier und Müller erlebte „Ich“ ist keine *gegenwärtige* Realität; im Sinne eines tieferen Theosophie-Verständnisses hat es prophetischen Charakter und wirkt als Impuls (Christus-Impuls).

Es ist nur ein Vorurteil, der MENSCH habe auf seine „symbolische Konstruktion“ durch die Physiker zu warten. Dieses Vorurteil hat die physikalische „Engländerei“ in die Sackgasse geführt. Ohne kühne Entschlüsse wird aus der Sackgasse nicht herauszukommen sein.

Auf das Angebot eines Fortbildungskurses in „Erkenntnistheorie“ durch die „modernen“ Physiker kann verzichtet werden. Es ist unnötig und ein Missverständnis, dass sich die „moderne Physik“ philosophisch vorkommt. Der Philosoph und der Physiker – im Raume der englisch gesteuerten Physik – treiben etwas ganz Verschiedenes. Der Philosoph will die Dinge und ihren Weltzusammenhang *erkennen*. Der Physiker will grundsätzlich nicht erkennen, er will *messen*. Die Dinge und Kräfte existieren für den Physiker, sofern sie messbar sind, physikalische Existenz heißt: Messbarkeit. Ich finde das redliche Credo des Physikers mit sympathischer Unverblümtheit ausgesprochen durch Prof. Arthur March (Natur und Erkenntnis, 1948). Ich stelle einige bezeichnende Gedanken Marchs zusammen:

„Der Physiker entkleidet die uns umgebende farbige und tönende Welt, bis von ihr nichts mehr übrig bleibt als ein kahles Gerippe von Zeigerablesungen. Denn wenn der Natur eine dem Menschen erfassbare Ordnung zugrunde liegt, so ist diese nur so entdeckbar, dass man zahlenmäßig bewertbare Erfahrungen sammelt und nach Beziehungen sucht, durch die sich die Zahlen miteinander verknüpfen lassen. Zu Zahlen aber führen nur zwei am Material der sinnlichen Erfahrung vorgenommene Akte: der eine besteht in der *Abzählung* von Dingen und Ereignissen, der andere in der *Messung* eines Abstandes mittels eines Maßstabes. Andere zahlenmäßig beschreibbare Erfahrungen gibt es nicht. Und darum gilt das Interesse des Physikers ausschließlich solchen Erlebnissen, bei denen er zählen und messen kann und deren Herbeiführung eben die Kunst des Experimentierens bildet." (S. 6) – „Für den Physiker existiert von der Natur nur das, was sich in Zahlen wiedergeben lässt, alles übrige ist für ihn belanglos. Denn er geht darauf aus, die Ordnung zu erfassen, die der Welt zugrunde liegt, und diese Ordnung kann er nur so entdecken, dass er zahlenmäßig beschreibbare Erfahrungen sammelt und nach Beziehungen sucht, durch die sich die Zahlen miteinander verknüpfen lassen. Die Welt in ihrer unmittelbaren Gegebenheit besagt ihm daher nichts, seine Welt ist farblos und stumm und besteht [!] aus nichts als aus Zeigerablesungen." (S. 206) – „Wir maßen uns nicht an, den Urgrund der Dinge zu erforschen, wir behaupten nur, dass *Zahlen* das Letzte sind, bis zu dem der Physiker vorzudringen vermag. Er will die Natur nicht ergründen, er vermisst sie nur und versucht zwischen den Messergebnissen Beziehungen zu erkennen, die er mathematisch durch Gleichungen formuliert. Durch diese Gleichungen beschreibt er die Ordnung, die der Natur zugrunde liegt, und damit steht er an der Grenze dessen, was für ihn erreichbar ist. Die Zahl ist für ihn der Weisheit letzter Schluss." (S. 207)

Diese Selbsterkenntnis eines maßgeblichen Physiktheoretikers veranlasst mich zu dem Schluss: Wenn Physik und Psychologie zusammentreffen, kann sich der Psychologe die ZAHL zum „psychologischen" Problem werden lassen. – C. G. Jung: „Ein Mathematiker sagte einmal, dass alles in der Wissenschaft vom Menschen gemacht sei, die Zahlen aber seien von Gott selber geschaffen." (Der Geist der Psychologie, ERANOS-Jahrbuch 1946, S. 397, Fußnote) Dieser Mathematikergedanke behält seinen Gehalt, auch wenn Gott eine Eigenschaft des (theosophisch verstandenen) Menschen ist.

~~Mit freundlichen Grüßen~~

[Ballmer streicht den Gruß durch und fügt noch ein Zeichen an, das auf eine Fortsetzung deutet.]

10) Zu Jungs „Synchronizität" III (Briefentwurf, 20. Februar 1953)

Sehr geehrter Herr Dr. Schär!

Der von C. G. Jung aufgestellte Begriff der „Synchronizität" besagt, dass es zwischen sonst beziehungslosen gleichzeitigen Ereignissen eine *Verknüpfung* geben kann, die als akausal bezeichnet wird, weil sie nicht in einem Aufeinanderwirken der beiden Ereignisse fundiert ist. Eine solche Verknüpfung akausaler Art ist z.B. gegeben, wenn das völlig „zufällige" Nebeneinander zweier Ereignisse als *sinnvoll* erlebt wird. Wer besorgt die „Verknüpfung" des beziehungslosen Nebeneinander? Offenbar ist das Verknüpfen eine Manifestation eines „Sinn"-Gebers, eines Operators, der mit dem Wirken der Jungschen „Archetypen" zu vergleichen ist.

Die „Archetypen" Jungs formen allerdings nur *typische* Vorstellungen. In meinem erwähnten Beispiel, in dem durch die *Gleichzeitigkeit* des Aufbruches Hitlers gegen Moskau und des Todes von stud. theol. Mathys Barth, eines Sohnes von Karl Barth, die Frage nach dem „Sinn"-Operator erregt wird, kann der Sinn nicht in der Vorstellung eines bloß Typischen bestehen; der angeschaute Sinn kann nur die Gestalt des personalen Ich haben. Für die von Jung beschriebenen *typischen* („archetypischen") Formen gilt, dass sie „nicht nur (auch) bei den Antipoden vorkommen, sondern auch in anderen Jahrtausenden, mit denen uns nur die Archäologie verbindet" (Jung, Der Geist der Psychologie, ERANOS-JAHRBUCH 1946, S. 479). Neben den typischen Formen gibt es aber einzigartig einmalige, in denen sich der objektive personale Former einer „Geschichte" manifestiert. Von der letzteren Art sind die von mir gemeinten und in meiner theosophischen „Welt" möglichen „Synchronizitäten".

(Ob „das Unbewusste", wie bei Eduard von Hartmann und C. G. Jung, *unpersönlich* sei, kann durch keine Metaphysik und Religionsspekulation ausgemacht werden, nur die *Erfahrung* entscheidet. – Zur auffälligen Übereinstimmung zwischen Jung und Ed. v. Hartmann in der Motivierung der göttlichen Unbewusstheit verweise ich auf die Fußnote S. 39 in „Antwort auf Hiob": „Die göttliche Unbewusstheit und Unreflektiertheit dagegen ermöglicht eine Auffassung, welche das Handeln Gottes dem moralischen Urteil enthebt." Was Jung hier als *sein*

Metaphysicum kundtut, ist zugleich des Urmotiv der Metaphysik Eduard von Hartmanns. Deren Thema ist im Ernste die Erlösung des verpfuschten Gottes durch die Menschen. – Im Zeichen der Theosophie sind die Begriffe „Welt", „Mensch", „Seele" auswechselbar; und wenn nun „Mensch" mehr als ein Typus, nämlich ein KÖRPER-*Individuum* ist, dann kann das göttlich Unbewusste nicht mehr unpersonal sein; es muss seine Freiheit in Erwägung gestellt werden, sich zum Selbstbewusstsein zu erwecken. – Der Theologe mag schockiert sein, wenn der theosophische Gottesbegriff unter das Thema „Mensch" fällt.)

*

Hinsichtlich der Synchronizität: Aufbruch der Hitlerheere gegen Moskau / Tod des Mathys Barth, kann es nicht meine Absicht sein, etwa eine rationale Verstehbarkeit des „Sinnes" begründen und vermitteln zu wollen. Dagegen kann ich einige Rahmengedanken versuchen, im Blick auf Jungs Publikation über „Synchronizität als Prinzip akausaler Zusammenhänge", um die Aura zu kennzeichnen, in der mein „Sinn"-Erlebnis auftritt.

Sie haben außerordentlich schön die Art des *chinesischen* Sinn-Erlebens dargestellt (S. 565f. in „Erlösungsvorstellungen und ihre psychologischen Aspekte"). Ich intendiere das Gleiche wie der Chinese, nur wittere ich „Einheit" auf modern-westliche Art. Im Vergleiche mit meiner Intention erscheinen die Rhineschen Experimente ziemlich banal; sie zielen nicht auf „Einheit"; sie wollen zunächst einmal dem bornierten materialistischen Verstandestum die Extra Sensory Perception beweisen, d.h. die Tatsächlichkeit „übersinnlicher Wahrnehmung", die … *[bricht ab]*

11) Brief von Hans Schär, 17. Juli 1953

Sehr geehrter Herr Ballmer,

für Ihre ausführlichen Abschriften aus Vorträgen von Rudolf Steiner und für Ihre Ausführung über die Synchronizität habe ich bis jetzt Ihnen nie gedankt und geantwortet. Es tut mir leid, dass ich Ihnen so lange diesen Dank schuldig geblieben bin, denn ich habe Ihre Ausführungen mit großem Interesse gelesen und bin Ihnen auch dankbar für das, was Sie mir aus dem Werke Steiners mitgeteilt haben. Ich habe von ihm dies und jenes schon gelesen, aber im Vergleich zum Gesamtumfang seiner Schriften herzlich wenig und vor allem sehr zufällig und unsystematisch. Wenn ich Ihnen erst jetzt schreibe, hängt das zur Hauptsache daran, dass ich damals, als Ihre Briefe kamen, ziemlich schwer erkrankt war. Ich musste für einige Zeit mit der Arbeit aussetzen, und dann nachher war eben mit den täglichen Pflichten so viel verbunden, dass dies meine ganze Kraft mit Beschlag belegte. Als ich mich dann wieder wissenschaftlichen Arbeiten zuwenden konnte, setzte ich mich hinter eine Arbeit, die Ihnen wahrscheinlich sehr fern liegt, mich aber seit einiger Zeit beschäftigt hat, das Problem der Beziehung zwischen Seelsorge und Psychotherapie. Dies einmal zu fixieren war mein Wunsch, aber damit ging die Zeit wieder vorwärts, und meine Briefschulden blieben bestehen.

In Ihren Ausführungen hat mich vor allem der Gedanke beschäftigt, dass das Böse ein Element der Entwicklung zum Guten sei. Dieser Gedanke ist ja in der traditionellen christlichen Theologie nicht anerkannt, aber ich bin überzeugt, dass die Judasgestalt im Neuen Testament das Recht zu dieser Auffassung gibt. Soweit bejahe ich den Gedanken, dass ich sage: das Böse kann diese Bedeutung haben. Aber ich frage mich, ob das für alles Böse gilt. Was in den letzten 20 Jahren in Europa geschehen ist, lässt mich überlegen, ob es nicht noch Böses mit andern Wirkungen gibt, das nur zerstört und vernichtet. Auf alle Fälle überlege ich mir immer wieder J. Böhmes Lehre vom Urgrund in Gott, die ja auch bei Schelling vorhanden ist. Bei Jung ist das Problem angeschnitten in der „Antwort auf Hiob", bei der ja der Gedanke an ein Leiden in Gott selber im Hintergrund steht. Damit gäbe es natürlich für das Erlösungsproblem noch einige neue Aspekte, ebenso für die Ethik. Mit der von Steiner aufgenommenen Anschauung, dass das Böse für die Entwicklung des Guten nötig sei, hätte diese Auffassung immerhin gemeinsam, dass der Mensch dem Bösen nicht ausweichen darf, sondern dass er ihm sich zu stellen hat zu der Auseinandersetzung.

Die Synchronizität beschäftigt mich dauernd. Aber ich bin nicht soweit, dass ich darüber etwas sagen möchte. Sie ist für mich noch rein Gegenstand der Beobachtung und Besinnung.

Nach dem, was ich von Steiner weiß, – es ist allerdings wenig – kann ich den von Ihnen geäußerten Gedanken anerkennen, dass Jung und Steiner in vielen Dingen wahrscheinlich einander näher stehen, als man im ersten Augenblicke meint. Aber auch das ist allgemein und für mich persönlich erst noch zu klären und zu bestätigen.

Indem ich Ihnen nocheinmal herzlich danke für Ihre sehr ausführlichen Briefe, bin ich mit freundlichen Grüßen

Ihr sehr ergebener
Hans Schär

12) Brief an Hans Schär, 22. Juli 1953

Sehr geehrter Herr Dr. Schär!

Mit dem Gedanken, dass „das Böse ein Element der Entwicklung zum Guten“ ist, wird der Kern der theosophisch-anthroposophischen Auffassung des Bösen noch nicht enthüllt. Vor allem: Das „Böse“ und das „Gute“ sind keine Selbstwerte, beide sind nur Attribute an der Wirklichkeit der *„Entwicklung“* des groß geschriebenen MENSCHEN. Gesetzt, der Weltvorgang bestünde darin, dass Ein Mensch der *wird*, der er ist, so wäre dieser Mensch, der sich *vor* dem Beginne der Weltschöpfung als den „Sinn“ der Welt weiß, als leibhaftig körperlicher Ich notwendig das Prinzip des absoluten Egoismus und mithin absolut böse. Indem Er die „Entwicklung“ der Welt vollzöge, wäre er der Überwinder des Bösen, wenn und sofern seine Entwicklung (als Welt-Entwicklung im indisch-theosophischen Sinne) zugleich die Entwicklungsmöglichkeit aller übrigen Menschen bezweckte. „Entwicklung“ als Schöpfung wäre die Verwandlung eines substanziell Bösen in ein Gutes. Gut und Böse sind Eigenschaften der göttlichen Welt-*Tragödie*.

Die Feststellung C. G. Jungs (in seinem Hiob-Buch S. 94): der Glaube an Gott als Summum Bonum sei einem reflektierten Bewusstsein unmöglich, kennzeichnet doch nur den Standort der aufgeklärten christlich-westlichen Ratlosigkeit. – Was würde Jung zu der These sagen: Das Wesen des Menschen ist der Tod? (nämlich das dem Tode gleiche Selbstopfer Jenes MENSCHEN, der seine „Entwicklung“ als „Welt“ den andern Menschen zur Verfügung stellt). Über die christliche Altertumswissenschaft hinaus ist heute die Frage fällig: Ist Gott böse? Das Böse ist nur dann nicht, wie es im Christentum der Fall ist, die Wirkung eines die „Allmacht“ Gottes kränkenden unbekannten Gegengottes, wenn es substanziell Gott selbst ist. Gott selbst, d.h. das Wesen des Menschen ist böse – *vor* dem Beginne der „Weltschöpfung“, während die Schöpfung die *Verwandlung* des substanziell Bösen in das Gute ist. R. St. konnte derlei vor seinen Zuhörern nur von ferne berühren – in Andeutungen über das Geheimnis der Manichäer, von denen gelehrt irrend angenommen wird, sie hätten *zwei* Prinzipien, während es sich um die *Verwandlung* der Einen Substanz aus dem Bösen in das Gute handelt.

Zur Frage „was in den letzten 20 Jahren in Europa geschehen ist“ möchte ich mir die synchronizitöse Frage erlauben: Warum starben Adolf Hitler und Franklin D. Roosevelt „gleichzeitig“? Hitlers Tod fällt auf den 30. April, der Tod Roosevelts auf den 12. April 1945. – Die sogenannte Geschichte der letzten zwanzig Jahre – mit all ihrem Aufwand – ein Traumspiel – und einzig wirklich die offenbarende Hindeutung auf den Tod als das Wesen des Menschen – einzig wirklich die Synchronizität der Tode Hitlers und Roosevelts???

Ich danke Ihnen für die Wahrung des Kontaktes und
grüße Sie herzlich als Ihr ergebener
Karl Ballmer

13) Skizze

Und nun wende ich mich zum Schluss der Frage zu, was der Gedanke der *Akausalität* („dass die Verknüpfung von Ereignissen unter Umständen von anderer als kausaler Natur ist“ – Jung in „Synchronizität als ein Prinzip akausaler Zusammenhänge“ S.3) für das Verständnis des *Wahrnehmungsvorganges* bedeuten kann.

Es handelt sich bei jeder Wahrnehmung um die Coinzidenz von Ereignissen, nämlich von „äußeren" und „inneren" Ereignissen. Was für ein Verhältnis besteht zwischen „äußeren" Farben, Tönen, Drücken, Wärmen und den entsprechenden „inneren" Bewusstseinserlebnissen? Der Positivismus strenger Observanz (Mach) nimmt an, es bestehe zwischen „äußeren" und „inneren" Ereignissen überhaupt kein Verhältnis, oder dann das Verhältnis der Identität, denn das „äußere" und das „innere" Ereignis seien einunddasselbe Ereignis. Die „Empfindungen" sind die „Elemente" der physikalischen Wirklichkeit; die physikalische Gegenständlichkeit und Wirklichkeit besteht aus den Coinzidenzen von Ereignissen, die Empfindung oder Wahrnehmung heißen. Im Gegensatz zu Mach rechnet die moderne Physik auch *Unanschauliches* zu den Wirklichkeitselementen. Elektrische Kräfte z.B. können ebensogut Elemente der Wirklichkeit bedeuten wie Farben und Töne. Nicht die Wahrnehmbarkeit, sondern die Messbarkeit ist für die moderne Physik das Kriterium physikalischer Objektivität und Existenz. „Was man messen kann, das existiert auch" (Planck). Zur Kritik Machs schrieb Moritz Schlick (Raum und Zeit in der gegenwärtigen Physik, 1917, S. 58, 59): „Wenn hervorragende Forscher auf exaktem Gebiete immer wieder erklären, dass das streng positivistische Weltbild sie nicht befriedigt, so liegt der Grund dafür unzweifelhaft darin, dass alle in den physikalischen Gesetzen auftretenden Größen nicht 'Elemente' im Machschen Sinne bezeichnen; die Koinzidenzen, welche durch die Differentialgleichungen der Physik ausgedrückt werden, sind nicht unmittelbar erlebbar, sie bedeuten nicht direkt ein Zusammenfallen von Sinnesdaten, sondern zunächst von unanschaulichen Größen, wie elektrischen und magnetischen Feldstärken und dergleichen. Nun zwingt nichts zu der Behauptung, dass nur die anschaulichen Elemente der Farben, Töne usw. in der Welt existieren; man kann ebensogut annehmen, dass außer ihnen auch nicht direkt erlebte Elemente oder Qualitäten da sind, die gleichfalls als 'wirklich' zu bezeichnen wären, mögen sie nun mit jenen anschaulichen vergleichbar sein oder nicht." Ich will meine persönliche Ansicht nicht verbergen, dass ich in Mach dennoch eine sehr ernsthafte Vorwegnahme der Begegnung von Physik und Psychologie repräsentiert sehe. Damals wollten sich die beiden Disziplinen nicht im milden Lichte einer „Komplementarität" zeigen, an die Stelle solcher Analogie trat die scharfe Antithetik zwischen Planck und Mach[1], mit dem berühmten Memento Machs: „Nachdem Planck mit christlicher Milde zur Achtung für den Gegner gemahnt, brandmarkt er mich schließlich mit dem bekannten Bibelwort des falschen Propheten. Man sieht, die Physiker sind auf dem besten Wege

1 *[Handschriftliche Fußnote:]* Mach hatte nicht die Möglichkeit, an die „Realität der Atome" zu glauben. Atome bedeuten *Gedanken*, im Sinne Machs sind sie zulässige „ökonomische" Hilfsbegriffe, nicht Wirklichkeiten im gleichen Sinne wie die Empfindungen. Wenn Atome „real" sein sollen, kann ihre Realität nur von der Realität eines Gedankens sein. Wenn es „Gedanken mit physikalischer Eigenschaft" gibt, ist die „Realität der Atome" denkbar, vorausgesetzt, dass man zu den „Gedanken mit physikalischer Eigenschaft" den dazu gehörigen *Denker* eruiert, weil ein redlicher und sauberer Anthropomorphismus keine im Nichts sich tummelnden Gedanken duldet. Um *diese* gedankliche *Realität* ging es indessen im Streit zwischen Planck und Mach wegen der „Realität der Atome" nicht. Was mit der „Realität der Atome" gemeint [war], spricht mit einiger Treuherzigkeit Pascual Jordan aus (Die Physik des 20. Jahrhunderts, 7. Aufl. 1949, S.1): „Wir wissen heute ... , dass die Materie, so wie sie greifbar und sichtbar vor uns liegt, sich zusammensetzt aus ungeheuer vielen kleinen Körperchen, Atome genannt."
Weil Mach nicht an *derartige* „Realität der Atome" glaubte, wurde er von Planck öffentlich getadelt, worauf Mach sein berühmtes Memento erließ (in „Die *Leitgedanken* meiner naturwissenschaftlichen Erkenntnislehre, und ihr Aufnehmen durch die Zeitgenossen; *Sinnliche Elemente* und naturwissenschaftliche Begriffe", zwei Aufsätze, 1910).

eine Kirche zu werden und eignen sich auch schon deren geläufige Mittel an. Hierauf antworte ich einfach: Wenn der Glaube an die Realität der Atome für euch so wesentlich ist, so sage ich mich von der physikalischen Denkweise los, so will ich kein richtiger Physiker sein, so verzichte ich auf jede wissenschaftliche Wertschätzung, kurz, so danke ich schönstens für die Gemeinschaft der Gläubigen. Denn die Denkfreiheit ist mir lieber."

Man erwirbt sich heute weder Vertrauen noch Sympathie, wenn man Machs Unglauben hinsichtlich der „Realität der Atome" wertschätzt. Und erst recht beleidigt man eine auf „fromm" gestimmte Gegenwart, wenn man in Mach die Verkörperung eines außerordentlichen Geistes sieht. Die angestammte christliche Frömmigkeit eines Max Planck in Ehren. Man möge mir indessen beweisen, dass der Glaubens-Stil, in dem die modernen Physiker an die Realität der Atome glauben, nicht *Materialismus* ist.

Was ist Materialismus? Die Materialismusfrage leidet an Unklarheiten. Man hat die volkstümlich einfache Konvention getroffen, die Menschheit einzuteilen in böse Materialisten und edle Nicht-Materialisten. Man kann sich aber unschwer die Erkenntnis besorgen, dass zwischen dem Erkenntnis-Materialismus Plancks und dem Erkenntnis-Materialismus Lenins nicht der geringste Unterschied besteht. Dies ist zu belegen. Lenin, der wie Planck ein heftiger Gegner Machs ist, und sogar ein ebenso vehementes wie philosophisch bemerkenswertes Buch gegen Mach schrieb (Materialismus und Empiriokritizismus, 1908), um seinen bolschewistischen Genossen ihre Begeisterung für den „Machismus", Psychismus und „Fideismus" auszutreiben, weil nach seiner strategischen Konzeption einzig mit dem Materialismus des Karl Marx Revolution zu machen war, erklärt im Namen des bösen Materialismus, dass es darauf ankomme: „die Natur, die Außenwelt für unabhängig von

Bewusstsein und Empfindung des Menschen zu halten. Das ist Materialismus.“ ~~Man nehme die Leninsche Definition des Materialismus und vergleiche sie mit der~~ … *[bricht ab]*

14) Skizze

Jung erwägt ernsthaft den Gedanken der „Identität von Psyche und physikalischem Kontinuum“. (Der Geist der Psychologie, ERANOS-JAHRBUCH 1946, S. 484.) Da es der *psychologische Empiriker* Jung ist, dem sich diese Perspektive auf das Kontinuum eröffnet, bedeutet sein Gedanke einiges mehr als die in gleicher Richtung zielenden Vermutungen von Eddington und Jeans. Man kann nun die Frage aufwerfen, welcher Erfolg wohl zu erwarten ist, wenn Jung seine generelle Methode, „alte, fremd gewordene Dogmata einer psychologischen Behandlung zu unterziehen“ (Symbolik des Geistes, S. 444), auf die Dogmata der *Physik* anwendet, zum Beispiel auf das Grunddogma, das entscheidend die gesamte abendländische Physiktheorie bestimmt, nämlich das Dogmatum oder auch das Vorurteil: Gott könne kein Körper sein. Zwar ist die Unkörperlichkeit Gottes in den modernen Bezirken des „Fortschrittes der Physik“ keine „alt und fremd gewordene Vorstellung“, sie wirkt im Gegenteil als selbstverständliches Geisteserbe, unverkennbar dort, wo unter dem Gegenstand der Physik eine symbolische mathematische Konstruktion verstanden wird. Sofern sich indessen die „moderne Physik“ in der Gegenwart ereignet, denke ich, sie bedeute im ganzen die Teilhabe an dem in unsere Epoche fallenden Prozess der Liquidierung der traditionellen Gottesvorstellung. Das ist einleuchtend, wenn die Physik nie etwas anderes war als eine

Variation der Theologie. Es gibt in der klassischen wie in der modernen Physik kein Theorem, das nicht stillschweigend auf dem Vorurteil beruhte, Gott sei kein Körper. – Neben dem Gedanken der Unkörperlichkeit Gottes gibt es ein zweites altes Dogmatum, das den Vorstellungen der modernen Wissenschaft substituiert. Es beruht auf jenem menschlichen Hochmut, der sich anmaßt, das „*Verhältnis*" zwischen Gott und Mensch zu kennen. Die Theologie mag Gründe haben, die Größe Gottes und die Kleinheit des Menschen als die Glieder des Verhältnisses zu meinen. Doch beruht ihre Methode der Unterscheidung auf einer starken Illusion. Eine sachgemäße Unterscheidung hat es nicht mit „Gott" und „Mensch" zu tun, sondern mit dem Gegensatze Körpermensch und SEELE. Wenn der Gott Menschenkörper den sogenannten Menschen seinen KÖRPER, – d.h. die Tetraktys seiner gegliederten Leiblichkeit – als S E E L E zur Verfügung stellt, dann kann sich mit dem alten Astralnamen „Gott" ein vernünftiger Sinn verbinden. Dass der Gott Menschenkörper *als Körper* G e i s t ist, und dass die SEELE besteht aus: Physischem Leib, Ätherleib, Astralleib und Ichleib, das ist der neue theosophische Gedanke. Indem die alte Illusion hinsichtlich des „Verhältnisses" von „Gott" und „Mensch" preisgegeben wird, fällt zugleich der alte Wahn dahin, der – mit Aristoteles – unterstellt, was der Mensch ist werde dadurch begriffen, dass man von den beliebigen Meier und Huber annimmt, ihnen eigne, wie dem Milchtopf der Henkel, eine Seele. Das hoffnungslose „Leib-Seele-Verhältnis" (von Descartes bis zu Viktor von Weizsäcker) ist ja nur der Reflex der unmöglichen theologischen Unterscheidung von Mensch und Gott.

[Handschriftlich:] Diese Seele der Meier und Huber wurde dann das Subjekt des Wahrnehmens … *[bricht ab]*

15) Seit 1900 (Skizze, 16. Februar 1953)

[Auf dieses Einzelblatt hat Ballmer oben mit dickem Stift „Weyl" geschrieben (Bedeutung unklar).]

Die Entwicklung der Physik seit 1900 stellt ein „Synchronizitäts"-Geschehen dar. Der von C. G. Jung aufgestellte Begriff der „Synchronizität" bedeutet, dass es zwischen beziehungslosen gleichzeitigen Ereignissen eine Verknüpfung geben kann, die nicht kausaler Natur ist. Dieser Begriff der „Synchronizität" ist auf den Gang, den die Physik seit 1900 genommen hat, anwendbar.

In der weltbewegenden Entwicklung der Physik seit der Jahrhundertwende gibt es zwei Entwicklungsreihen. Diese sind „verknüpft" dadurch, dass sie Physik sind. Aber die synchron fortschreitenden beiden Reihen sind dadurch eigentümlich, dass zwischen ihnen keine angebbaren Beziehungen bestehen; es erfolgen insbesondere keine Einwirkungen der beiden Reihen aufeinander.

Die eine Reihe ist die gutbekannte „moderne" Physik („die Physik des 20. Jahrhunderts" nach dem Buchtitel P. Jordans), beginnend mit Planck 1900, sich komplizierend mit dem Einsatz Einsteins 1905, und in der Jahrhundertmitte anlangend bei dem zentralen Gedanken der „Komplementarität".

Die andere Reihe ist die weniger bekannte Entwicklung und Entfaltung der Weltanschauung der *Theosophie* aus dem Geiste Goethes durch Rudolf Steiner seit 1902. Diese Theosophie ist Physik in dem Sinne, dass sie als „Universelle physikalische Weltanschauung" aufgefasst werden kann.

Ich hege die Überzeugung, dass die großen Entscheidungen in der Physik fallen, indem ich unter Physik das Postulat einer universellen physikalischen Weltanschauung verstehe, die in ihr

Problem alle erdenkbaren Probleme der Theologie, Philosophie, Psychologie, Anthropologie, Biologie *einschließt*.

[Handschriftl. unten:] Sinneswahrnehmung als Synchronizität

16) Einzelne Notizen und Faksimiles

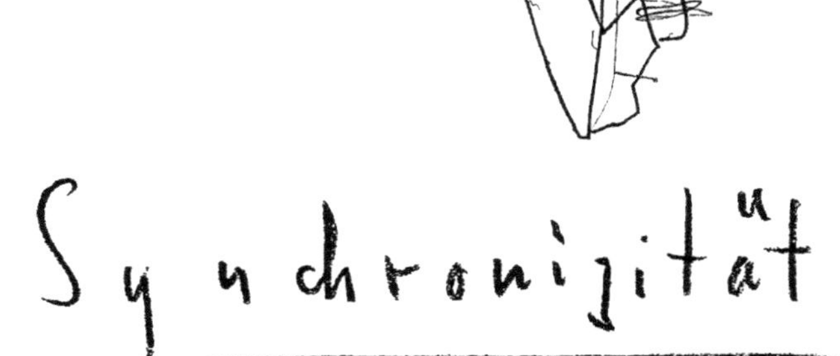

Aufschriften auf den Nachlass-Faszikeln Nr. 172 (abgeschickte Briefe an Hans Schär) und 193 (Entwürfe). Die Bedeutung der Zeichnung auf der „Schär"-Mappe ist unklar.

932

Vorwort

Warum dieses kleine Buch aus Briefen besteht, die ~~Es wäre mir nur~~ unverändert zu gedruckt sind, wie sie geschrieben wurden, möchte ich andeutend zu erklären versuchen. Es wäre mir nicht möglich gewesen, den Inhalt des Büchleins in eine „freie" theoretische Abhandlung zu bringen. Die „Unfreiheit" des Autors besteht darin, dass er in einer Welt des „Schicksals", bzw. des theoretisch verstandenen KARMA lebt, in der er mit seinen Ahnungen zu warten hatte, bis er ~~auf~~ mit dem entsprechenden Partner – eben in einer „schicksalhaften" Begegnungs-~~tat~~ zusammentraf.

Der Partner Theodore, an Jung orientiert – –

Da Prof. Jung metaphysisch neutral (Briefe kämpfen? an ihm an)

keine Veranlassung, Ethisches zu beurteilen

Ich denke, dass Prof. Jung in einem analogen Sinne nicht Metaphysiker ist, wie der Physiker es wohl auch Psychologe. Macht nicht den Ehrgeiz hatte ein Philosoph zu sein. Beide, konnte man sagen, wussten nicht ~~auf Worte-Systeme verpflichtet~~

Vorwort-Entwurf in Faszikel 193.

Vorwort

~~Es wäre mir nicht~~ Warum dieses kleine Buch aus Briefen besteht, die unverändert so gedruckt sind, wie sie geschrieben wurden, möchte ich andeutend zu erklären versuchen. Es wäre mir nicht mögliche gewesen, den Inhalt des Büchleins in eine „freie“ theoretische Abhandlung zu bringen. Die „Unfreiheit“ des Autors besteht darin, dass er in einer Welt der „Geschichte“, besser des theosophisch verstandenen KARMA lebt, in der er mit seinen Äußerungen zu warten hatte, bis er ~~auf~~ mit dem entsprechenden Partner – eben in einer „geschichtlichen“ Begegnung – ~~tra~~f zusammentraf. Der Partner Theologe, an Jung orientiert – –

Briefe knüpfen an Jung an

Da Prof. Jung metaphysisch neutral

keine Veranlassung, Metaphysi### zu beurteilen

Ich denke, dass Prof. Jung in einem analogen Sinne nicht Metaphysiker ist, wie der Physiker und wohl auch Psychologe Mach nicht den Ehrgeiz hatte ein Philosoph zu sein. Beide, könnte man sagen, wünschen nicht ~~auf Worte-Systeme verpflichtet~~

Ich muss Sie um Nachsicht bitten, wenn ich Sie, einmal ins Schreiben gekommen, mit den Dämpfen belästige, die aus dem Topf entweichen, in dem seit lange meine physikotheologischen Ideen sieden.

*

Aus diesen Überlegungen kann der Schluss gezogen werden, dass es im Zeichen der Theosophie absonderlich wäre, unter dem physikalischen Kontinuum etwas anderes als die „Psyche" zu verstehen. Die „Psyche" ist nicht etwa die Bedingung dafür, dass eine Welt sei, gemäß dem Axiom „kein Objekt ohne Subjekt"; – denn sie ist ja – Verzeihung! – die Welt selbst.

Nachdem gleichsam als Summe des „Fortschrittes der Physik" der Gedanke der *Akausalität* dasteht („dass die Verknüpfung von Ereignissen unter Umständen von anderer als kausaler Natur ist", Jung, in „Synchronizität als ein Prinzip akausaler Zusammenhänge", S. 3), dürfte es von aktuellstem Interesse sein, dass die theosophische Lösung des *Wahrnehmungsproblems* auf das Prinzip der *Akausalität* gestellt ist. Die Empfindung fällt nicht unter den *[bricht ab]*

*

Ich sehe kein Hindernis, den Gesamtinhalt der theosophischen Weltanschauung als *Psychologie* zu bezeichnen.

*

Ich habe mir über ausgedehnten Studien die etwas respektlos scheinende Meinung gebildet: Wenn der „Fortschritt der Physik" ausgerast haben wird, wird man, ernüchtert, auf die Frage stoßen: „Was ist eigentlich eine Sinneswahrnehmung?"

*

Die Weltveranstaltung des „Wiedererscheinens des Christus" wird die in der Illusion lebenden Menschen schonend auf den „Sinn" hinlenken. *Der Tod* ist das Prinzip des Wissens um den „Sinn" des Daseins.

Die mich bewegenden Synchronizitätsphänomene symbolisieren das Ineinander von Zeitungsgeschichte und „Urgeschichte", das sich vor der gewohnten Ratio verbirgt. Zu den Elementen der Zeitungsgeschichte gehören die Illusionen, auf die wir zur intelligenten Führung unseres Daseins angewiesen sind.

*

Und nun wende ich mich zum Schlusse der Frage zu, was der Gedanke der *Akausalität* („dass die Verknüpfung von Ereignissen unter Umständen von anderer als kausaler Natur ist" – Jung in „Synchronizität als Prinzip akausaler Zusammenhänge", S. 3) für das Verständnis des *Wahrnehmungsvorganges* bedeuten kann. –

Es handelt sich bei einer theosophischen Wahrnehmungslehre um die Aufgabe: Rechtfertigung des Materialismus. Ob es angebracht ist, die Rechtfertigung des Materialismus als eine physikalische Variation der theologischen „Rechtfertigung des Sünders" zu deuten, bleibe dahingestellt. In der Welt *[bricht ab]*

*

Der Gegenstand der Physik ist prinzipiell Un-Gegenstand: ICH.

*

Im Sinne Schlicks besteht also die physikalische Gegenständlichkeit aus anschaulichen und unanschaulichen Bestandteilen. Aber nun waltet das Verhängnis, dass die akademischen Physiker unfähig sind, *konkrete* Vorstellung[en] über das Objekt ihrer Wissenschaft zu haben. Entdeckungen wie diejenige Plancks warten darauf, dass ihre Bedeutsamkeit von einer universellen physikalischen Weltanschauung beleuchtet werde, die sich vor allem über den universellen Gegenstand der physikalischen Forschung im Klaren ist.

Die trefflichen Überlegungen Schlicks enthalten keinen Ansatz zur Überwindung des Gegensatzes in den Grundvorstellungen der Physiker, der in der Kontroverse zwischen Planck - Mach sich explosiv manifestierte

*

Die ESP liefert den Beweis dafür, dass in der Welt eine Intelligenz vorhanden ist, die nicht die Intelligenz an einer mit einem lebenden Gehirn verbundenen Psyche ist. Es ist, wie Jung bemerkt, die gleiche Intelligenz, die auch beim „intelligenten“ Verhalten von niederen Tieren, die kein Gehirn besitzen, zu beobachten ist. – Da Eduard von Hartmann schon vor 84 Jahren auf Grund der Materialien der modernen Naturerkenntnis seine Philosophie auf den Gedanken einer nicht als Gehirntätigkeit zu verstehenden Welt-Intelligenz baute, besteht heute nicht der geringste Anlass, die ESP als sensationell zu empfinden.

*

Die wirkliche Weltgeschichte unseres Zeitalters – des Zeitalters zweier Weltkriege – ist die Geschichte der in der Gegenwart stattfindenden Wiederholung des „Mysteriums von Golgatha“. Der „Sinn“ der katrastrophalen Vorgänge auf dem physischen Plan ereignet sich in den Taten der SEELE.

Die wirkliche Weltgeschichte unseres Zeitalters – des Zeitalters zweier Weltkriege – ist die Geschichte der in der Gegenwart stattfindenden Wiederholung des „Mysteriums von Golgatha". Der „Sinn" der katastrophalen Vorgänge auf dem physischen Plan ereignet sich in den Taten der SEELE

Die Theosophie ~~hat nicht die „Absolutheit des Christentums" zu urgieren, sie~~ beweist ~~vielmehr~~ in der ~~Einen~~ Selbst-Entwicklung des MENSCHEN die Einheit und Solidarität der Weisheit ~~offenbarungsmächtiger~~ der vorchristlichen ~~Epochen~~ Weltalter mit den vergangenen und künftigen Epochen des Christus-Impulses.

Die Seelen der Völker sind

Deren beauftragte Mitaktoren sind die Seelen der Völker, die Volksgeister,

8.1.53

Jung

Ich kann das [ein] Motiv meiner negativen Wertschätzung C. G. Jungs [meines Missfallens an C. G. Jung] deutlich angeben: Herr Jung ist mir zu anthroposophisch. Womit ich das folgende meine: Jung verdirbt sich die Einfälle seines beträchtlichen Spürsinnes dadurch, dass er in den Denkgewohnheiten (Denkgewöhnlichkeiten) der Universität hängen bleibt. Eben dieses Hängenbleiben an akademischen Illusionen beobachte ich bei einer Reihe von anthroposophischen Autoren, die als Akademiker ihre Zustimmung zur Anthroposophie auf weite Strecken mit ihrem

Über Schuld

Man empfindet schmerzlich das Fehlen einer geistigen Elite, die an sich den Anspruch stellen würde, über bestimmte Tagesfragen nicht agitatorisch, sondern intelligent zu reden. Über Schuld z.B. lässt sich gern und gut agitatorisch reden. Außerdem lässt sich über Schuld *vernünftig* reden.

Entstehung von Schuld, sofern man nicht mit zweckbedingter Mythologie Agitation betreiben will, ist stets an zwei Bedingungen geknüpft: Nur eine *Person* wird schuldig, und nur durch Zuwiderhandlung gegen ein *Gebot* und Gesetz wird eine Person schuldig. Dementsprechend sind die flinken Redensarten von „Kollektivschuld" zu bewerten. Es gibt vor allem keine Schuld im „psychologischen" Sinne. Außer der Schuld im gesellschaftlich-juristischen Sinne – als Verstoß gegen das Gesetz – gibt es *religiös* zu verstehende Schuld. Religiöse Schuld ist strengstens an die Heteronomie sowohl des befehlenden „Gebotes" wie des Sühneprinzips gebunden. Heteronomie besagt: der gebietende Gott sitzt nicht bloß als Gewissen im menschlichen Innern, sondern tritt *von außen* als eine dem Menschen übergeordnete Mächtigkeit auf; in Bezug auf die Sühnung menschlicher Schuld aber gilt im religiös-heteronomen Sinne, dass der Schuldige von sich aus unfähig ist, den Schaden zu tragen, der durch seine Tat dem Welt-Ganzen zugefügt worden ist, und dass deswegen seine Schadenstiftung nur von einem kosmisch-göttlichen Wesen wieder gut gemacht werden kann. Die Entstehung von Schuld im religiösen Sinne setzt die Zweiheit eines gebietenden höheren Willens und eines auf das Gebot Verpflichteten voraus. Man darf ohne Sentimentalität und Voreingenommenheit feststellen, dass in unserer modernen Welt, die mehr durch Unternehmertüchtigkeit als durch Glaubenstiefe ausgezeichnet scheint, die Voraussetzungen fehlen, um den religiösen Begriff der Schuld in der hohen

Politik zu bemühen. Bevor der politisierende „Tiefenpsychologe“ mit einem katholisierenden Begriffe von Schuld in die öffentliche Polemik steigt, sollte er sich eigentlich erst durch die Taufe die Legitimation holen. Denn es gibt keine Schuld im „psychologischen“ Sinne, und es ist stilwidrig, als ungläubiger moderner „Psychologe“ mit den Kategorien der Religion zu hantieren.

Im schweizerischen Strafgesetzbuch ist vorgesehen, dass in der Gefängniszelle jedes Häftlings eine Bibel aufzuliegen habe. Diese Maßnahme, über deren praktische Bedeutung die Meinungen verschieden sein können, ist wie eine letzte Erinnerung an sehr ferne und sehr anspruchsvolle Vorstellungen über Schuld: dass Schuld ein Verhältnis zum *Schöpfer* des Menschen bedeute; dass einzig der Weltplan des Schöpfers wissend über den Zulassungsgrund der Schuld verfügt, sodass denn jedwede menschliche-irdische Gerichtsbarkeit im besten Falle ein Ersatz für Anspruchsvolleres ist. Die Bibel in der schweizerischen Strafgefangenenzelle scheint anzudeuten, dass Kriterien des *Christlichen* beim Verständnis der Schuld verpflichtend sein sollen: dass Schuld in erster und letzter Hinsicht weder ein Verhältnis des Menschen zu sich selbst noch zur menschlichen Sozietät, sondern ein Verhältnis zum Schöpfer des Menschen bedeute.

Die jüdisch-christliche Religion als *geschichtliche* Religion steht mit ihrer Außenseite von vornherein mitten in der Welt-*Geschichte* und durch ihre Verbindung mit dem römischen Weltreich mitten in der „Politik“. Der gegenwärtige geschichtliche Status des Christentums umfasst nicht die Völker des Orients; der christliche Universalismus ist noch keineswegs ein Zusammenfluss der Weisheit der *ganzen* Welt. Die tiefsinnigen Vorstellungen Indiens über Karma als kosmische ausgleichende Gerechtigkeit *innerhalb* des Einzelmenschen stehen unversöhnt neben den christlichen Vorstellungen; ein Schuldigsein vor einem die *Geschichte* lenkenden Schöpfer wäre in Indien eine unmögliche Vorstellung. Dabei könnte es wohl sein, dass das Menschenverständnis des Orients in psychologischer wie anthropologischer Hinsicht dem unseren überlegen ist. Über das Wesen des Menschen hatte möglicherweise der ältere Orient profundere Vorstellungen als wir, trotz unserer anspruchsvollen „Wissenschaft". So war denn der „Mensch" schon ein sehr fragwürdig begriffenes Wesen, als auf der Grenze zwischen Morgenland und Abendland der christliche Schöpfergott geschichtlicher „Mensch" wurde. Der damals in Griechenland und in Alexandrien verfügbare Begriff des Menschen war ein sehr gebrechlicher Begriff. Man versteht es daher, wenn ein scharfsinniger Theologe wie Karl Barth dazu neigt, nicht zu sagen: damals sei der Christengott „Mensch" geworden, sondern damals sei Gott die Sünde geworden, sei selbst die Sünde geworden, um sich mit dem sündigen Menschen zu solidarisieren. Das ist jedenfalls, wie man auch dazu stehen mag, eine Denkart von Rang. Der ernsthafte Theologe will sich kein Wissen darüber anmaßen, was vom Gesichtspunkte des Schöpfers über die Gegenwart und über den geschichtlich handelnden „Menschen" zu sagen ist. Diese Denkart ist geeignet, das fragwürdige Niveau eines gewissen Umganges mit dem religiösen Begriff der Schuld zu beleuchten.

Die Insinuation einer sich für „wissenschaftlich" nehmenden Tiefenpsychologie, die Disposition zum Schuldigwerden schlummere als *natürliche* menschliche Eigenschaft auf dem Grunde der Seele, um dort den ebenso natürlichen Effekt der göttlichen Begnadung gleichsam aus sich selbst hervorzutreiben, ist moderner – Aberglaube. Solche Tiefenpsychologie ist nichts als der Versuch der Mythisierung des modernen Unglaubens; sie sollte sich verbieten, über Schuld mitzusprechen, weil die einfachste nüchterne wissenschaftliche Besinnung die Anerkenntnis gebietet, dass das Erkenntnisprinzip für so etwas wie Schuld einzig in der *echten* Gläubigkeit gegeben ist. Solche Gläubigkeit rechnet mit der Fremderlösung – und nicht mit der Selbstproduktion der Gnade in der Seele. In keiner offen oder versteckt auf das Selbsterlösungsprinzip aufgebauten „Ethik“ spielt die metaphysische Realität der Schuld die mindeste Rolle. Zur Entstehung von Schuld im religiös-metaphysischen Sinne sind *zwei* Subjekte nötig: ein von außen gebietendes und ein dem Gebot verpflichtetes. Es gibt keine Schuld im bloß „psychologischen“ Sinne.

Diese Thesen sind aufschlussreich zu belegen durch die Beiträge, die von zwei Schweizern zum Thema „Die Deutschen und wir“ geliefert wurden: von Prof. Karl Barth und von Prof. C. G. Jung.

Jung äußerte seine pseudokatholischen Ansichten durch einen Interviewer in der „Weltwoche“:

„Die Frage der Kollektivschuld, die die Politiker so sehr beschäftigt und beschäftigen wird, ist für den Psychologen eine Tatsache, und es wird eine der wichtigsten Tatsachen der Therapie sein, die Deutschen zur Anerkennung dieser Schuld zu bringen ... Die einzige Erlösung liegt in der restlosen Anerkennung der Schuld. Aus der ehrlichen Sündenzerknirschung erwächst die göttliche Gnade. Das ist nicht nur eine religiöse, sondern auch eine psychologische Wahrheit ... Die Deutschen werden gesunden, wenn sie ihre Schuld anerkennen und auf sich nehmen.“

Wir fühlen uns nicht bemüßigt, einer modernen Tiefenpsychologie ihr sensationelles Weltrichterspiel zu verwehren. Dagegen scheint es angebracht, auf eine arge Verwirrung der Begriffe aufmerksam zu machen – in der Meinung, dass auch in der Begehung des apokalyptischen jüngsten Gerichtes bei diesen Diskussionen der nüchterne Menschenverstand eine schätzbare Tugend sei. Prof. Jung sollte doch eigentlich wissen, dass seine oben erwähnten Sätze vor dem Urteil seiner Professorenkollegen von der theologischen Fakultät ein purer Nonsens sind. „Aus der ehrlichen Sündenzerknirschung erwächst die göttliche Gnade" – dies sei „sogar" eine „psychologische" Wahrheit. Es ist ganz uninteressant, dass dies sogar eine psychologische Wahrheit sein soll, wesentlich ist, dass jedenfalls die gesamte christliche Theologie auf der Überzeugung aufgebaut ist, dass die Sündenzerknirschung gerade *nicht* die Bedingung ist, an die Gott gebunden wäre, wenn er seine *freie* (!) Gnade wirken lässt. Es ist dies geradezu der Angelpunkt für jedes auch nur bescheidenste Laienverständnis der christlichen Religion. Professor Jung tischt uns „psychologische" Wahrheiten auf, die sich vor einer nüchternen Intelligenz als mythisierter Unglaube entpuppen. Man muss es bedauern, dass Prof. Jungs Liebhabereien als *schweizerische* Intelligenzproduktionen in die Welt gehen. Nach der Logik Prof. Jungs, wonach auf die Sündenzerknirschung in natürlichem Ablaufe die göttliche Gnade erwachse, könnte einer behaupten: auf den finanziellen Bankerott erwachse naturhaft die Sanierung. Von solchem „Wunder" ist nichts bekannt.

Barths Stellungnahme zum Problem „Schuld" imponiert durch ihre *Intelligenz*. Ich fühle mich von Intelligenz angesprochen, wenn Barth Distanz hält gegenüber einer „christlichen" Presse, die frohlockt: Seht, Gott straft sichtbar die Bösen und verhilft den Guten zum Sieg. Es ist intelligent, wenn der Inspirator des deutschen Kirchenkampfes gegen den Nationalsozialismus, nachdem er als Besiegter seine Professur in Bonn verlassen musste, nun erst recht nicht der heuchlerischen Illusion huldigt, der göttlichen Weltregierung in ihre Generalstabspläne geguckt zu haben. Der Theologe ist intelligent, sofern er mit der Möglichkeit rechnet, dass die göttliche Geschichtsregie nach Prinzipien erfolge, die nicht ohne weiteres konform sind der Gescheitheit der „Männer, die die Weltgeschichte machen". Dem Theologen ist kein Gebot und keine

Offenbarung des Schöpfers bekannt, die vorschrieben, wie sich die Deutschen zu verhalten haben, falls es irgendwelchen Mächten gefallen sollte, den deutschen Industriekonkurrenten aus der Welt zu schaffen. Es ist ihm auch kein göttliches Gebot bekannt, das den Angloamerikanern verwehrte, Sieger über die Deutschen zu sein. Deswegen ist es intelligent, wenn der Theologe unter den gegebenen Umständen auf das mythologische Weltgerichtsspiel der Tiefenpsychologie verzichtet. – Da in der Schweiz die Bedingungen für eine objektive Besinnlichkeit bestehen, möchte man erwarten, dass von uns aus nicht Konfusion, sondern das Gegenteil verbreitet wird. Über *politische* Schuld zu sinnieren, wäre müßig; das Urteil über sie fällt in die – Macht.

Der spezifisch Jungsche Begriff der „Kollektivschuld" weist auf andere berühmte Begriffe der berühmten Tiefenpsychologie. Da ist z.B. der magistrale Begriff des „Kollektiv-Unbewussten". Das ist ein Begriff, der bestens in ein System des „Rassismus" passt. Mit diesem Begriffe des Kollektivunbewussten bestreitet die Jungsche Schule die Bedürfnisse einer nicht kritischen Intelligenz. Nicht dass Jungs „Seele" einer ausgesprochen atheistischen Weltanschauung angehört, scheint uns belangvoll, sondern der Umstand, dass diese „Seele" von absolut *ungeschichtlicher* Existenz ist. Ungeschichtlich heißt aber antichristlich, sofern im Sinne der Vorstellungen des Christentums der Weltengott gegenüber der Menschenseele *geschichtlich* handelt. Dagegen hätte man im Sinne Jungs anzunehmen, ein Chinese, ein Indianer und ein Deutscher fänden alle das Gleiche auf dem Grunde ihrer „Seele", wenn sie in deren Tiefen steigen und in die Schicht des Kollektivunbewussten durchstoßen. Das ist antigeschichtlicher Naturalismus, das ist moderne Chinoiserie. Der Europäer muss sein Dasein als „geschichtliches" empfinden, das ist nicht nur den Theologen bekannt, sondern insbesondere eine Fundamentaleinsicht der neueren Philosophie (Heidegger!). Es scheint uns undenkbar, dass die „Psychologie“ beim Aufbau ihrer Grundideen über diese Tatsache einfach hinweggehen könne.

Gleichzeitig

Ungefähr gleichzeitig mit der Ankunft des Sowjetgesandten Kulaschenkow in Bern erschien in Bern im Verlage Francke das Werk eines Russen und ehemaligen zaristischen Universitätsprofessors: ein gewichtiges Buch über *Hegel* (betitelt „Die Philosophie Hegels als kontemplative Gotteslehre“, von Professor Dr. Iwan Iljin, „früher an der Universität Moskau“). Dieses Zusammentreffen zweier Ereignisse beruht auf Zufall. Kein Mensch wird natürlich auf den Gedanken verfallen, das Erscheinen des Buches von Professor Iljin (der bis 1918 Professor der Philosophie an der Moskauer Universität war) über das Hegelsche Jenseits sei eine spezifisch bürgerschweizerische Form der Begrüßung des neuen russischen Gesandten – nach der geglückten Wiederaufnahme der diplomatischen Beziehungen mit der Sowjetmacht. Die beiden Ereignisse, das Erscheinen des Buches über das Jenseits und das diesseitige Erscheinen Kulaschenkows haben wirklich nur das Merkmal der „Gleichzeitigkeit“ gemeinsam und stehen sonst zueinander in keinerlei kausalem Bedingungszusammenhang. Und solche Gleichzeitigkeit kann – nach Einstein – nicht gefährlich sein, denn nach der vierdimensionalen Raumzeitlehre der Relativitätstheorie kann es eine absolute Gleichzeitigkeit zweier Weltereignisse überhaupt nicht geben. – Man kann unschwer voraussagen, dass das Buch über Hegels kontemplative Gotteslehre von den interessierten Kreisen als „Ereignis“ behandelt werden wird.

Es handelt sich bei der Hegeldarstellung des Russen Iljin um ein hochqualifiziertes und einzigartiges Buch. Mit der hingebenden Liebe, deren vielleicht nur ein Russe fähig ist, hat sich Iljin in jahrzehntelanger Arbeit in die großartige Gedankenarchitektur Hegels intim eingelebt. Und nun schenkt er uns eine Einführung in Hegel, wie es sie bisher nicht gab. Er macht uns eine schwer zu bewältigende Aufgabe beinahe bequem und leicht, er lässt uns von unserer heutigen Vorstellungsart aus den Zugang finden zu der „esoterischen“ Welt Hegels, in die einzudringen für den heutigen Menschen äußerst schwierig ist. Es gibt ja Beispiele für das Nichtgelingen des Hegel-Studiums. So hat der amerikanische Psychologe und Philosoph William James (1842 - 1910) mit redlichem Bemühen vergeblich versucht, in Hegel einzudringen, obschon William James sogar der Sohn eines swedenborgianischen Geistlichen war. Der berühmte amerikanische Philosoph kam bei seinem erfolglosen Hegelstudium zu dem Urteil: entweder sei die Philosophie Hegels sinnlos, oder er, James, sei für diese Art Philosophie absolut unbegabt. James war ursprünglich Mediziner, dann Professor der Physiologie und zuletzt Professor der Philosophie. Die Philosophie Hegels stand vor James mit dem Anspruch, „Wissenschaft“ zu sein. Das konnte James nicht verstehen; vielleicht hätte ihm deutlich gemacht werden sollen, dass Hegels Philosophie mehr noch als mit moderner Wissenschaft mit Theosophie und Mystik zu tun habe.

Feuerbach und Stirner hatten als Kritiker an Hegel zu tadeln, dass seine Philosophie eigentlich Theologie und Mystizismus sei. Gerade das von den deutschen Radikalisten Getadelte zieht den Russen Iljin an; er ist der berufene Mann, um Hegels Philosophie als „kontemplative Gotteslehre“ zu verstehen und darzustellen. Es ist bemerkenswert, dass nun das Buch Iljins aus dem europäischen „Réduit“ kommt. Es finden da paradoxe „Überschneidungen“ statt: Der Hegelianer Karl Marx wurde der Inspirator des neuen Russland. Der Osten wurde der gelehrige Schüler des deutschen Denkers. Stalin und Hitler schlossen in einem kritischen Zeitpunkte des Verhältnisses Deutschland - Russland einen Pakt, dann zerfleischten sich beider Völker. Unterdes präpariert ein in der Schweiz lebender ehemaliger zaristischer Philosophieprofessor sein Hegel-Buch zum Empfange Kulaschenkows vor. Gleich im Vorworte sagt Iljin, dass Marx natürlich von Hegel überhaupt nichts verstanden habe. Dazu muss man wissen, dass das heutige Moskau ein Weltzentrum der Hegel-Forschung ist, mit Hegel-Archiv usw. – Das sind sehr paradoxe Überschneidungen.

Die „Weltmacht Hegel“ hat sich seinerzeit persönlich in der Bundesstadt aufgehalten, als junger Hauslehrer und Bubenerzieher in der vornehmen Familie *von Steiger* in den Jahren 1793 - 1796. Der 23jährige Privatlehrer (damals sagte man „Hofmeister“) Hegel kam gerade von der Tübinger Universität, wo er sich mit Hölderlin und Schelling für die französische Revolution begeistert hatte. Es ist ein bizarrer Einfall der Regie des Lebensablaufes Hegels, dass sie den jungen Gelehrten, den glühenden Verehrer der französischen Revolution, der gespannt auf das Brausen der Zeit hinhorcht und der soeben noch im politischen Klub des Tübinger Stiftes rhetorisch für Rousseaus „Contrat social“ geschwärmt hatte, just in das Gehege der damaligen Berner Oligarchen und Reaktionäre versetzte, die ihren altbernischen „Staat“ als ein großes Milchgut betrachteten. Der junge Hauslehrer und Hofmeister Hegel vegetierte die drei Berner Jahre unter den Berner Aristokraten als menschlicher Fremdling. Innerlich ging er an die Verarbeitung der Ereignisse der Revolution. Er bereitet sich vor, der

Philosoph der – Restauration zu werden. Der junge Gelehrte ist bereits in Bern auf dem Sprunge, das menschliche Ethos des französischen Freiheitskampfes den abstrakten Göttern der Metaphysik als Opfer auszuliefern; er wird den wirklichen Einzelmenschen dem „Allgemeinen" der Metaphysik in den Rachen werfen; er wird mit verwegener Usurpation das gedanklich „Allgemeine" als „Gott" behaupten; er wird seinen Philosophengott als den in Vernunftherrlichkeit wiedererschienenen Logos des Christentums präsentieren; er wird die Offenbarung der vernünftigen Gotteswirklichkeit dort entdecken, wo sie am wenigsten zu vermuten ist: im preußischen Staate; er wird den Staat als Gott entdecken; er wird den in Preußen offenbar gewordenen „Weltgeist" als den „Versöhner" von Wissenschaft, Religion, Kirche und Politik (im Zeitalter Metternichs) präsentieren. Diesem in Bern sinnenden zukünftigen Welt-Analytiker und politischen Religionsstifter wird der absonderliche „Staat" des Berner ancien régime als kuriose Hinterwäldlerei vorgekommen sein. – In seiner „Rechtsphilosophie" (1821) musste sich dann Hegel ausdrücklich mit einem der Herren Berner Aristokraten befassen. (Von Hegels „Rechtsphilosophie" hat bekanntlich Karl Marx seinen Ausgang genommen.) Ein Herr Karl Ludwig von Haller wurde das Objekt des Zornes Hegels, vermutlich nicht ohne Anteil der nachwirkenden Erinnerungen an die Berner Jahre 1793-96. Karl Ludwig von Haller, Apologet des „Patrimonialstaates", arbeitete nach dem Untergange des alten Bern in der Emigration an der Rückgängigmachung der französischen Revolution, er ist berühmt durch sein Werk „Die Restauration der Staatswissenschaften" und trat 1821 zum Katholizismus über. Er vertritt als Staatstheoretiker eine Art Darwinismus mit christlicher Spitzenkrönung: Wie unter den Tieren der Starke den Schwachen überwältige, so gelte auch in der Menschenwelt das Gesetz, „als ewige unabänderliche Ordnung Gottes", dass der Starke den

Schwachen beherrsche (vorausgesetzt dass der Starke nicht etwa Nichtkatholik ist), wobei sich der Herrscher als von Gott eingesetzte Obrigkeit zu betrachten hat. Verfassung und Gesetz sind im Patrimonialstaat entbehrlich. In Bezug auf das Gerichtswesen ist Herr von Haller der Ansicht, die Gerichtsbarkeit sei nicht eine Rechts-Pflicht, sondern eine Wohltat, die der väterliche Regent den schwachen Untertanen erweise. Gegen diesen Unfug polemisierte Hegel in seiner „Rechtsphilosophie“ mit beizender Ironie: Der Hass von Hallers gegen Gesetz und gesetzlich bestimmtes Recht sei das Schibboleth, an dem sich der Fanatismus, der Schwachsinn und die Heuchelei der guten Absichten offenbare und unfehlbar zu erkennen gebe.

Doch halten wir uns an die „guten Absichten“ des Jahres 1946. Worum geht es in Hegels philosophischer Gotteslehre, wenn wir den menschlich-psychologischen Grund seiner Philosophie erfragen? Man muss versuchen, sich deutlich auszudrücken. Dazu ist es gut, wenn wir uns über unseren heutigen Standpunkt klar sind, von dem aus wir auf Hegel blicken. Hegel sagt, der Gedanke als solcher (der „Begriff“) sei nichts Geringeres als – Gott, Gott als Schöpfer verstanden. Iljin: „Gott ist für Hegel der lebendige schöpferische Begriff“. Und dieser schöpferische Begriff ist nach Iljin „nichts anderes als die Idee der christlichen Liebe, aus dem Evangelium entlehnt und ins logische Denken hineingearbeitet.“ Von unserem Standpunkte sieht diese Sache anders aus. *Wir* sagen: Zuerst sind da Menschen, natürliche Menschen, die arbeiten, sich ernähren, sich freuen und leiden. Der natürliche Mensch produziert Gedanken. Der natürliche Mensch ist das einzige Wesen, das Gedanken hat. Es sind gelegentlich *kühne* Gedanken, die von Menschen produziert werden, Gedanken, die kühn das *Ganze* der Welt und des menschlichen Lebens umspannen wollen. Unter den kühnsten Gedanken, die der natürliche Mensch produziert, ist der Gottesgedanke, der Gedanke „Gott“. – Die Philosophen aber sind auf dem Holzweg, wenn sie ein einzelnes Element, eben den Gedanken, aus dem wirklichen Menschen herausnehmen und als Gott verabsolutieren. Dies etwa war der Sinn der Vorwürfe, die der Philosoph Feuerbach gegen Hegel erheben musste. Feuerbach meint, der Mensch sei mehr als Gott, denn der Mensch ist mehr als Gedanke, er ist nicht nur Denkender, er ist vor allem ein sinnliches Wesen. Bevor der Mensch zum Denken kommen kann, ist ihm die Welt durch die Organe seiner Sinne gegeben. Feuerbach will alle Weltanschauung auf die Grundlage der Natur- und Menschenerkenntnis stellen. Er sagt: „Gott schuf den Menschen nach seinem Bilde, das heißt vermutlich, der Mensch schuf Gott nach dem seinigen.“ In dem erregten Jahre 1848 hielt Feuerbach auf die Aufforderung der Studenten in Heidelberg Vorlesungen über das „Wesen der Religion“ (unter seinen Zuhörern befand sich Gottfried Keller), die er mit den Worten schloss: „Ich wünsche nur, dass ich die mir gestellte, in einer der ersten Stunden ausgesprochene Aufgabe nicht verfehlt habe, die Aufgabe nämlich, Sie aus Gottesfreunden zu Menschenfreunden, aus Gläubigen zu Denkern, aus Betern zu Arbeitern, aus Kandidaten des Jenseits zu Studenten des Diesseits, aus Christen, welche ihrem eigenen Bekenntnis und Geständnis zufolge ‘halb Tier, halb Engel’ sind, zu Menschen, zu ganzen Menschen zu machen.“ Als starke Persönlichkeit konnte Feuerbach die Kraft, die andere von einer äußeren Macht ableiten, im Menschen selbst suchen. Er lebte mit der Wirklichkeit. Seine Stärke hören wir aus Worten wie diesen: „In Ermangelung einer Aussicht ins Jenseits kann ich im Diesseits, im Jammertal der deutschen, ja europäischen Politik überhaupt, nur dadurch mich bei Leben und Verstand erhalten, dass ich die Gegenwart zu einem Gegenstande aristophanischen Gelächters mache.“

In meisterhafter Analyse gibt uns Prof. Iljin eine Darstellung vom Wesen der „spekulativen" Vernunft Hegels. Bei Hegel will der Gedanke ganz und nur rein in sich selber leben und weben. Dazu muss das gewöhnliche Bewusstsein, das sich auf die unmittelbar gegebene Sinneswelt richtet, erst „unschädlich" (S. 55 bei Iljin) gemacht werden. „Das spekulative Denken ist nicht nur Denken, sondern zugleich auch *Schauen*" (S. 53). In der Schau ereignet sich eine „Identität von Subjekt und Objekt". Damit ist gemeint, dass der Unterschied zwischen Ich (Subjekt) und Welt (Objekt) auf dieser Stufe dahinfalle. Auf dieser Stufe wird der Denker zum Organ Gottes, er ist „mit allen anderen menschlichen Individuen identisch". Prof. Iljin wird wohl wissen, dass dieses Identitätsspiel, das im Stile Hegels die Erkenntnis aus dem Grundverhältnis von Subjekt und Objekt aufbaut, von der neueren Philosophie gründlich desavouiert wird. Die neuere Philosophie kann nicht Welt und Ich als Urgegensatz annehmen, dieser neueren Philosophie verschlingen sich von Anfang an Ich und Welt in unlöslicher Weise (man denke an die Tatsache, dass z.B. die moderne Biologie den Menschen gar nicht als ein von der Welt isoliertes Einzelding ansehen kann, der Mensch ist ja durch seine biologische Herkunft im Sinne Haeckels von vornherein mit dem ganzen Weltwerden innig verwachsen). Das Urverhältnis stellt sich nicht à la Hegel als das Verhältnis von Subjekt und Objekt, von Ich und Nichtich (Welt) dar, sondern als das *Urverhältnis zweier wirklicher Menschen*, wobei in beiden bereits „Ich und Welt" in innigster Verschlingung da sind. Dies ist der Neubeginn der Philosophie, den Feuerbach forderte. Nach Feuerbach ist der Anfang der Philosophie nicht Gott, nicht das Absolute, nicht das Sein Gottes oder das Sein der Idee Hegels, der Anfang der wahrhaft positiven Philosophie ist das *Endliche*, das Bestimmte (das Hegel „unschädlich" machen muss), das Wirkliche. Nicht mehr das „philosophische" Selbstbewusstsein bildet jetzt das Untersuchungsobjekt, sondern das „anthropologische". Nicht der Mensch als bloßes Vernunftwesen steht zum Problem, sondern der ganze wirkliche Mensch als *sinnliches* Wesen. Um das Ich zu erfragen, geht Feuerbach aus von dem sinnlich-wirklich gegebenen „Du". Denn bevor einer sich selbst versteht, sei er von Natur im Dasein *Anderer* begründet. Das Selbstverständnis als Selbstbewusstsein setzt *Andere* voraus, nämlich eine bestimmte „zweite" Person, ein „Du", das einen erst als „erste" Person, als „Ich" bestimmen kann. Von diesem Neubeginn der Philosophie her gelangte Feuerbach dazu, als seinen anthropologischen Gott das Leben der menschlichen *Gattung* aufzustellen. „In einem Individuum, einem Gottmenschen gedacht, widersprechen sich die Eigenschaften und Funktionen, welche die Kirchenlehre Christo zuschreibt: in der *Idee der menschlichen Gattung* stimmen sie zusammen." Das Wahre der christlichen Religion sei, dass die menschliche Gattung der Gottmensch sei.

Die Philosophie unserer Zeit hat ihre berühmte „anthropologische Wendung" vollzogen. Im Mittelpunkte des neueren Forschens der Philosophen steht das besonders von *Max Scheler* gesehene Problem einer „philosophischen Anthropologie". Deren Programm und Impetus hat Scheler mit den folgenden Sätzen angedeutet: „Der Mensch ist also nicht Nachbildner einer an sich bestehenden oder schon vor der Schöpfung in Gott fertig vorhandenen 'Ideenwelt' (Hegel) oder 'Vorsehung', sondern er ist Mitbildner, Mitstifter und Mitvollzieher einer im Weltprozess und mit ihm selbst *werdenden* ideellen Werdefolge. Der Mensch ist der einzige Ort, in dem und durch den das Urseiende sich nicht nur selbst erfasst und erkennt, sondern er ist auch das Seiende, in dem in freier Entscheidung Gott sein bloßes Wesen zu verwirklichen und zu heiligen vermag. Die Bestimmung des Menschen ist mehr, als nur 'Knecht' und gehorsamer Diener, auch mehr, als nur 'Kind' eines in sich fertigen und vollkommenen Gottes zu sein. In seinem Menschsein, das ein Sein der *Entscheidung* ist, trägt der Mensch die höhere Würde eines Mitstreiters, ja Mitwirkers Gottes, der die Fahne der erst mit dem Weltprozess sich verwirklichenden Gottheit allen Dingen voranzutragen hat im Wettersturm der Welt."

Und wir fügen hinzu: Das Jenseits, das wahre Jenseits ist für jeden einzelnen Menschen nirgendwo anders zu suchen als im Innern des *Andern Menschen*. Ob die einzelnen Gruppen von Menschen je „einen andern Geist" haben, oder ob in den verschiedensten Menschen ein universell Menschliches wirksam sein soll, das ist heute die Gottes- und Jenseitsfrage.

*

Nachschrift zu „Gleichzeitig"

Diese Gedanken waren für die Tagespresse konzipiert und geschrieben, als aktuelle Geschichtsreportage – eines Reporters, der das Herz auf dem rechten Fleck zu haben wünscht, wie er andrerseits sein physisches Herz in der *linken* Brustseite befindlich weiß. Der Verfasser huldigt privatim der Auffassung, die Annahme einer „Selbständigkeit" der Philosophie sei Illusion, dagegen falle das eigentlich Substanzielle des Philosophierens in den politischen Eros. Das Anliegen der aktuellen Reportage, die hier mit leichter Verspätung erscheint, war, auf die eigentümliche Konsonanz zweier Ereignisse aufmerksam zu machen: auf die Gleichzeitigkeit des Erscheinens des Ministers Kulaschenkow in Bern mit dem Erscheinen eines „zaristischen"

Buches über Hegel ebenfalls in Bern. Es handelte sich dabei keinesfalls darum, sich einen charmanten „Witz“ zunutze zu machen, als dessen Urheber die Weltgeschichte anzusehen wäre. Auch der echte Ernst kann sich gegebenenfalls die Ausdrucksform der Ironie wählen. Es könnte daran erinnert werden, dass die Ironie als philosophisch höchst anspruchsvolle Erkenntnisgestalt aufgetreten ist. Auch daran könnte erinnert werden, dass wir als Schweizer irgendwie geradezu in das Element der Ironie hineingehalten erscheinen. Ist nicht schon unsere Existenz im Zeichen der Neutralität ein Stück Ironie? angesichts der Weltaufgabe und allgemeinen Weltforderung, als den Heimatboden der menschlichen Existenz den ganzen runden Erdball zu bestellen? Vielleicht stehen wir mit unserem spezifisch schweizerischen Sensorium für Ironik dem Sinngeheimnis der „Zeit“ näher als die aktiven Täter und Gewalttäter der Geschichte. Wenn die Philosophen sich Gott vorzustellen versuchen als den *unbewegten* Beweger der Welt und ihrer Geschicke, so disponiert uns möglicherweise unser geschichtliches Unbewegtsein zu einer Vorzugsrolle hinsichtlich beschaulicher Erkenntnis. Man hielt uns zwar in bangen vergangenen Jahren von Norden her die These entgegen: „Nur wer Geschichte tut, kennt Geschichte“. Wir können diesen Satz Hans Freyers (Das geschichtliche Selbstbewusstsein des 20. Jahrhunderts, Leipzig 1938) keinesfalls nationalsozialistisch interpretieren; wollten *wir* dem Satze einen Inhalt geben, so wäre es dieser: dass auch unser Zuschauen ein *Tun* sein kann, sofern wir unter dem sehenden „Auge“ keinen toten Apparat, sondern ein produktives Ens verstehen.

Die in unserer Reportage gemeinte „Gleichzeitigkeit“ präsentiert eine von tausend Assoziationen umwitterte *„sinnvolle Sinnlosigkeit“*. Eine solche sinnvolle Sinnlosigkeit ist etwas total anderes als ein dialektischer Widerspruch. Eine sinnvolle Sinnlosigkeit konstituiert sich nicht aus zwei gedanklich überblickbaren Gegensätzen, sie besteht vielmehr aus zwei Bestandteilen, die nicht den mindesten logischen Bezug zueinander haben, die aber durch ihr pures Nebeneinander einen geheimen Sinn andeuten zu wollen scheinen. Ein dialektisch gesehener Widerspruch lässt sich durch die dialektisch geübte Vernünftigkeit auflösen, die Gegensätze des dialektischen Widerspruches werden in einer gedanklichen Synthesis aufgehoben und vereinigt. Etwas derartiges kommt für das Nebeneinander der beiden Berner Ereignisse nicht in Betracht. Vor diesem Nebeneinander steht der Gedanke einfach still, hier gibt es nichts zu denken, hier kann man nur – falls man dazu Neigung hat – fasziniert hinschauen, wie man auf ein Bild und Kunstwerk ebenfalls nicht Gedanken sondern das pure Sehen wendet. Was die Konzeption unserer Berner Reportage veranlasste, war nicht die Absicht, eine Illustration zu bieten für den abstrakten Gedanken: es sei für „Bern“ und die Schweiz charakteristisch, dass das Phänomen Russland für uns analog wie der Widerspruch zwischen dem Marxisten Kulaschenkow und dem katholisierenden Antimarxisten Iljin auftrete. Es wäre aus solcher Absicht gewiss keine erregende Neuigkeit gesagt worden und nichts gesagt worden, was nicht bei beliebiger anderer Gelegenheit ebensogut gesagt werden könnte. Mit dem Erblicken der „Gleichzeitigkeit“ sollte überhaupt *nicht von uns aus* etwas vertreten werden, sondern wir wollten uns nur devot als Zuschauer betätigen, wollten Zuschauen als *Tun* legitimieren.

Die Zuschauer der Weltgeschichte – als „Geschichtsphilosophen“ – hatten nicht immer weder die entsprechende Devotion noch die entsprechende Muße zum Zuschauen, sie wollten mit kühnem Griffe sozusagen die göttlichen Generalstabspläne nachzeichnen, nach denen die Weltgeschichte geschieht. Sie hielten sich dabei vorzüglich an die großen Weltrummel und Staatsaktionen, die für die Umwandlung und den Fortschritt zu sorgen scheinen. Hegel war unter diesen Sinngebern der

Weltgeschichte der kühnste. Hegels Gott, der uns von Iljin als der „schöpferische Begriff“ vorgestellt wird, hat die Verwegenheit, den gesamten Geschichtsablauf oder die „Wirklichkeit“ als begriffliche „Vernünftigkeit“ zu schauen. Iljin notiert (S. 400), Hegel habe in seinen Jenenser Vorlesungen die dialektische Bewegung des Begriffs als den „Lebenslauf Gottes“ bezeichnet. Der Marxismus (als Linkshegelianismus) musste gegen diese Prätention Protest erheben, musste gegen diese anspruchsvolle „Selbständigkeit“ einer hohen Philosophie einen zusätzlichen massiven Positivismus ins Feld führen. Aber auch wir stutzen heftig bei der Hegelschen Idee des „Lebenslaufes Gottes“. Da hängt der Gott am Kreuz – und Hegel attestiert ihm: Du bist, als deine eigenste „Wirklichkeit“, mein vernünftiger Begriff, oder auch nur ein Moment im Selbstbewegungsspiel meines Begriffs! Und Iljin: „Dieser Begriff ... ist nichts anderes als die Idee der christlichen Liebe, aus dem Evangelium entlehnt und ins logische Denken hineingearbeitet“. Die nationalsozialistische Geschichtsphilosophie übertrifft Hegel noch; man postiert sich auf den deutschen Schultern Hegels, um das Geheimnis der Zeit und Geschichte noch besser zu erspähen. Hans Freyer (a.a.O.) bemerkt, Hegels Geschichtswelt sei noch nicht die Welt der Taten und Entscheidungen, sondern vorerst das „Totenreich des Gedächtnisses“. Die Konsequenz davon sei, dass ein Geschehen erst dann, wenn es abgelaufen ist, als Geschichte begreifbar wird. Hegel habe für diesen Sachverhalt das Symbol der Eule der Minerva gefunden, die erst mit einbrechender Dämmerung ihren Flug beginnt. Dagegen Freyer: „Das von Grund auf andre geschichtliche Selbstbewusstsein des 20. Jahrhunderts hat all diese Konsequenzen durchbrochen. Wenn die *Zeit* der Minister Gottes in den weltlichen Angelegenheiten ist, so ist sie nicht mehr die bloße Schatzkammer der schon gestalteten Werke, sondern sie ist selbst tätig. Sie ist tätig, wie Gott tätig ist, denn sie ist tätig in seinem Dienst. Schöpfungen geschehen in ihr. Echte Anfänge werden in ihr gemacht. Und was in ihr gewirkt wurde, das ist uns nicht nur nachträglich verstehbar, sondern es wirkt auf uns, es wirkt in uns, eine lebendige Spannung verbindet die Taten der Gegenwart mit den Taten der Vergangenheit." Na schön. – Dass Hegel *die Zeit* den Minister Gottes nennt, ist ein tiefsinniger Gedanke. Indessen, da wir als bescheidene Schweizer im Ministerrat der Welt- und Geschichtsschöpfung keine Sessel zu beanspruchen haben, lasse ich es meiner Frommheit genügen, die Mysterien des Ministeriums der Zeit dort ahnend zu empfinden, wo die Zeit eine drollige Gleichzeitigkeit als „sinnvolle Sinnlosigkeit" präsentiert. Das Eindrucksame dieser sinnvollen Sinnlosigkeit ist, dass wir sie auf keinen Fall selbst ausgedacht oder erfunden haben; sie ist nur da, wenn wir sie respektvoll bloß vorfinden. Wir wollen in Bescheidenheit zufrieden sein, wenn wir – unter anspruchsvollen Gottesakrobaten und hoffnungsreichen Freyern – an einer winzigen Ecke der Wirklichkeit zu der Vermutung gedrängt werden: *dass die Welt sinngeladen sein könnte*. Ob die Zeit „wie Gott tätig" sei, wollen wir ohne Voreiligkeit abwarten, – und vielleicht inzwischen das kritische Studium Heideggers betreiben.

Gegen den Verdacht einer beabsichtigten Herabwürdigung oder Unterschätzung Hegels wäre ernstlich Verwahrung einzulegen. Hegel kann überhaupt nicht unterschätzt werden. Eine rein theoretische Beurteilung Hegels wäre heute müßig, denn wir stehen *real* – ob wir es wissen oder nicht wissen – in seinem Banne. Unschwer lässt sich die eigentliche Realität unserer schweizerischen geistigen Existenz als Verhältnis zu Hegel demonstrieren. Von gescheiten Köpfen ist behauptet worden, die eigentliche geschichtliche Realität der schweizerischen Existenz als besondere Eigentümlichkeit falle in den Gegensatz der Konfessionen. Hegel ist exakt der Schnittpunkt oder das Scheidewasser der Konfessionen: Mit dem echten Pathos der Leidenschaft und der Verantwortung verwerfen Karl Barth und Emil Brunner den Anspruch des Hegeltums, im Namen der Philosophie dem Schöpfer in seinen Bauplan zu schielen. Wenig zurückhaltend bezeichnet Barth solche Ansprüche der Philosophie als den „Antichrist". Umgekehrt beansprucht katholische Philosophie, nach der bekannten Äußerung Friedrich Muckermanns, den „deutschen Idealismus und die deutschen Klassiker für den Katholizismus zu retten". Es ist uns nicht ausdrücklich bekannt, inwieweit das Berner Buch Iljins als in diese Rettungsaktion eingeschaltet zu betrachten ist. Im Interesse schweizerischer Existenz darf man hoffen, dass sowohl der Standpunkt Barths wie der entgegengesetzte Einseitigkeiten darstellen.

Brief an Pierre Thévenaz

Karl Ballmer, Privatgelehrter
Lamone bei Lugano
6. Januar 1945

Herrn
Dr. Pierre Thévenaz
Privat-Docent à l'Université de Neuchâtel.

Sehr geehrter Herr Doctor!

Der Schreibende nimmt warmen Anteil an den Gedanken Ihres Aufsatzes „La notion de transcendance vers l'interieur" im 4. „Jahrbuch der Schweizerischen Philosophischen Gesellschaft".

Ihr Problem berührt sich mit einem mich zentral beschäftigenden eigenen Problem, das ich – so kurz wie möglich – zu umschreiben versuche:

Cogito sum, ergo cogitatus sum!
Ich bin im Denken, ergo bin ich *gedacht*,
oder ohne Anklang an Descartes: „Ich" bin gedacht, daher:
„ich bin" im Denken.

Es gibt außer und neben der ligne augustinienne die Linie von Thomas von Aquin zu Goethe und Hegel. Auf dieser Linie geschieht es, dass – im 20. Jahrhundert – durch das „Christus-Prinzip" ein individuelles menschliches Denken *als Stiftung* auftritt. Dieses Denken ist der innerste Kern des Menschen und damit der Welt. Dieses von dem Christusprinzip gestiftete individuelle menschliche Denken lerne ich kennen – kraft moralischer „Askese" – als *mein* Denken; dennoch ist jenes gestiftete Denken absolut transcendent – *in mir*. Es gilt das Gegenteil der Annahme Decosters (S. 205): „Une Transcendance absolue est impensable puisque elle devrait transcender la pensée elle meme".

S. 212: „transcendance vers l'interieur"? „transcendance par l'interieur"?
???
transcendance *dans*, vers, par l'interieur!!! – (per salutare i tre magi da oggi).

ad S. 205, vergl. oben: „„impensable"":
„Ich" (qua Denken) bin ein *lebendiger* Gedanke des von Chr. gestifteten Denkens. Prinzip jenes Denkens ist der TOD, d.h. jenes Denken, obzwar das individuelle Denken eines wirklichen Menschen, will *nichts* für sein Subjekt, es gehört

einzig dem Ganzen, der Welt, es verschenkt sich „für alle Menschen“ – und ist kraft Selbstverschenkung – transcendent.

„Moralische Askese“ heißt: den Tod zum Prinzip des Denkens machen. Dieser Tod ist das Tor zum Begreifen der substantiellen Identität der (in Chr.) denkenden „Seele“ mit „Gott“ (theologisch: mit dem Hl. Geist) qua Verschiedenheit. Identität qua Verschiedenheit – *Schöpfung.*

Ich habe kurz den *philosophischen Aspekt* der Angelegenheit „Anthroposophie“ (Rudolf Steiner) auf die kürzeste Formel gebracht. Ich glaube bedauern zu sollen, dass die Fach-Philosophie noch nicht auf diese Problematik gestoßen ist. Falls Ihnen an einer brieflichen Unterhaltung liegen sollte, stehe ich gerne zur Verfügung.

Mit hochachtungsvoller Begrüßung
Karl Ballmer

[Ballmer legt dem Brief noch eine Abschrift bei: Ausführungen Rudolf Steiners über den (von Thévenaz zitierten) Philosophen Maine de Biran, aus „Welt- und Lebensanschauungen im 19. Jahrhundert“, Berlin 1900. Daran schließt er folgende Bemerkung an:]

Das hier zitierte Werk „Welt- und Lebensanschauungen im 19. Jahrhundert“ erschien 1918 in zweiter Auflage, erweitert zu einer Art Geschichte der Philosophie seit Thales. Es enthält am Schlusse unter „Skizzenhaft dargestellter Ausblick auf eine Anthroposophie“ ein Kapitel, das – eigentlich – dem Problem der Transcendenz im, vers, par Interior gilt und zu gegebener Zeit einmal als fachphilosophisch relevant anerkannt werden dürfte.

K.B.

Brief an Daus

Hamburg, den 20. März 1936

Lieber Herr Daus!

Eine Stunde nach Ihrem Besuche am 17. März geschah ein kleines Intermezzo, das ich hier festhalten will, weil es mir Gelegenheit gibt zu demonstrieren, *wie* ich „Geschichte" (*Welt*-Geschichte!) anzuschauen versuche.

Ich hatte Ihnen den Entwurf zu dem Briefe gezeigt, mit dem ich die zu erwartende Zusendung meines Mitgliedbuches der Reichskammer der bildenden Künste zu refüsieren gedenke. Der Briefentwurf lautet:

> „An die Leitung der Reichskammer der bildenden Künste in Berlin.
>
> Zwischen meine Anmeldung zur Mitgliedschaft bei der Reichskammer der bildenden Künste und Ihr Schreiben vom …, durch das Sie mir meine Aufnahme in die Reichskunstkammer mitteilen, fällt das generelle Verbot der Verbreitung der Werke *Rudolf Steiners* im Deutschen Reich. Die Diskriminierung der Person und der Werke meines Lehrers Rudolf Steiner durch die Usurpatoren des deutschen Kulturgewissens fordert von meiner Ehre, dass ich jede Solidarität mit den amtlichen Verwaltern des deutschen Kultur- und Geisteslebens kategorisch ablehne. Es fällt mir in Ansehung des Umstandes, dass ich in Rudolf Steiner *den* Repräsentanten des deutschen Menschseins erkenne und verehre, nicht schwer, so lange auf die Ausübung meines Berufes als Kunstmaler in Deutschland zu verzichten, als man Rudolf Steiner zu verunehren beliebt. In der Anlage gebe ich Ihnen mein Mitgliedsbuch höflich dankend zurück."

Eine Stunde nach unserer Unterhaltung über diesen Brief (und über einiges mehr, u.a. über die gegenwärtige und künftige Rolle *Englands*) klingelte an der Etagentüre ein Korb- und Flechtwarenhändler. Er winselt erbärmlich über Not und Zeit. Er hat Glück, verkauft uns (mir und van Cleef) nach gemeinsamer Beratung einen soliden *Teppichklopfer*. „Ich komme aus der *Coburger* Gegend", hatte er gleich bei den ersten Worten an der Tür mit besonderer Betonung gesagt. „Da haben Sie etwas wirklich Gutes zum *Anzüge-Ausklopfen*, liebe junge Frau, da haben Sie etwas fürs ganze Leben, lieber junger Herr!" Der Händler ist ein ausgesprochen bäurischer Typ.

Nun wird mir das Geschehnis an der Tür plötzlich zum *symbolischen* Vorgang, und zwar aus dem Vollbewusstsein meiner besonderen aktuellen *geistigen* Situation und Verfassung heraus, in der das Briefkonzept und die Erwartung der Antwort Englands auf Hitlers „Friedensinitiative", nach Deutschlands grundsätzlicher Zusage, Delegierte nach London zur Verhandlung senden zu wollen, besondere Betonung haben. Ich könnte auch sagen: ich erhebe den Vorgang zu einem als Imagination erfassten Geschehnis-*Ganzen*. Ich versuche die Struktur des symbolisch gesehenen Vorgangs festzuhalten:

Auszugehen ist von dem wirklichen Vorgang an der Tür, aber bedeutsam wird dieser erst durch seine Erhebung zum Symbol. Ein *anderes Ich* tritt mir gegenüber, der Händler. In einem letzten und äußersten metaphysischen und ethischen Sinn darf ich annehmen, dass mir im anderen Ich – grundsätzlich – Christus entgegentritt. Mein Verhalten ist objektiv „richtig", wenn das Objekt meines Willens, das ist das andere Ich, so angesehen wird, dass in dem Objekt die Christus-Verantwortung wirksam ist. Problem ist also, nach der Erhebung des Geschehnisses zum Symbol, nicht so sehr mein Verhalten als Mensch und eventueller Käufer gegenüber einem notleidenden und flehentlich winselnden Händler, Problem ist vielmehr der Händler als das „andere Ich“ in einer höchst komplexen Gesamtsituation, in der von größter Bedeutung die Versicherung des Händlers ist, er komme aus der *Coburger* Gegend. Ich habe ja auch keineswegs etwa den Ehrgeiz, in dem Sinne „christlich“ zu handeln, dass ich aus Mitleid etwas kaufe. Ich kaufe nüchtern deswegen, weil wir den Teppichklopfer wirklich gebrauchen können und ihn haben wollen. Die Kaufhandlung als solche ist als banale Vordergrundswirklichkeit überhaupt nicht wesentlich, nicht sie enthält, worauf ich hinauswill, sondern eben erst die Erhebung des als Ganzheit gesehenen Geschehens an der Tür zum *symbolischen* Geschehnis. Meine „Christus-Verantwortung“ gegenüber dem andern Ich als dem Objekt meines Willens richtet sich auf den Händler, sofern er im Symbol-Ganzen selbst als Symbol auftritt.

Die Erhebung des Vorganges an der Etagentüre (aus dem Mittelpunkte meiner aktuellen geistigen Verfassung, vgl. oben) zum Symbol-Ganzen sieht nun so aus:

Indem der Händler „Coburg“ sagt („ich komme aus der Coburger Gegend“), ergänze ich spontan: „also *England*!!“ Denn zwischen „Coburg“ und dem englischen Königshause gab es und gibt es Beziehungen. Zu dieser spontanen Assoziation gesellt sich eine andere: Ein jüdischer Lehrer van Cleefs und ihr Pensionsvorsteher in Neuchâtel in der Schweiz war längere Zeit Prinzenerzieher (als Jude!) am Coburger Hof, zu einer Zeit, als dort der derzeitige Eduard der Achte als Knabe verkehrte. Wenn der Händler an der Türe also mit besonderer Betonung sagt: „Ich komme aus der Coburger Gegend“, so heißt das jetzt symbolisch: ich komme aus derjenigen Ecke Deutschlands, wo die Autorität Englands so groß war, dass man sogar einen jüdischen Prinzenerzieher halten durfte (dem man in zuvorkommender Weise eine koschere Küche zur Verfügung gestellt hatte mit dem Vorrecht zum Schächten). In meinem Teppichklopfer-Verkäufer erscheint mir also, indem ich symbolisch erkenne, *England*. Die Autorität Englands beschäftigt mich ja bereits in meiner aktuellen geistigen Situation, wie Sie aus unserem Gespräche wissen. – Mich interessiert nun, dass *außen* erscheint, was gerade aktuell in meinem *Innern* wesentlicher geistiger Inhalt ist. Auf diese Zusammenstimmung des Innen und Außen lege ich Gewicht. In ihrem Zusammenklange finde ich meine *Anschauung* von *Geschichte* bewahrheitet, welche die folgende ist:

Ich verstehe unter *erkannter* Geschichte das Gesetz des *gegenwärtigen* gesellschaftlichen Geschehens (Welt-Geschehens). Das Gesetz hat folgenden Inhalt: In der geistigen Handlung des repräsentativen Einzelnen ist enthalten das *Wesen*, und die äußere sog. Geschichte, symbolisch gesehen, ist die *Erscheinung* des Wesens. Der Mensch (Christus) ist das Wesen, die Welt des Wesens Erscheinung.

Geschichte als *gegenwärtige* wäre grundsätzlich zu begreifen, durch die Erhebung des zunächst äußerlich gefassten Geschehens zur Imagination und zum Symbol, als die *Erscheinung* des Ich-Wesens der Welt. Solche Wesenserkenntnis wäre Erkenntnis des *Herrn der Geschichte*.

Unserer eigensten Winzigkeit mag es zu guter Stunde zufallen, dass wir an einem kleinen Zipfelchen das *Wesen*, nach dem wir uns zu orientieren trachten in unserem sittlichen und geistigen Tun, Erscheinung werden sehen – als Coburgischer Anzug-Ausklopfer fürs ganze Leben – – – –.

Postscriptum.
Hat England (und die Welt) möglicherweise nur darauf gewartet, dass Adolf Hitler die Neuordnung Europas (und der Welt) rüstig in die Hand nehme?? Anscheinend doch nicht, denn was inzwischen in London geschieht, spricht dagegen. Vermutlich werden wir heute abend, in der Hamburger Rede unseres Führers Adolf Hitler einiges Nähere erfahren über die

Mission, die der Herr der Geschichte Hitler zuerteilt, für den in der Thüringischen Kirche Huldigungsgebete erschallen: „Vor der ganzen Welt gilt es, freudiges Zeugnis abzulegen, dass Adolf Hitler Deutschland ist und Deutschland Adolf Hitler" (siehe Frankfurter Zeitung von Sonntag 15. März 1936). Die Voraussetzungen scheinen gegeben, dass die Hamburger Rede Adolf Hitlers vom 20. März 1936 (es ist gerade der 70. Geburtstag meiner in der Schweiz lebenden Mutter, der ich infolge Devisenschwierigkeiten keinen Strauß auf den Geburtstagstisch legen kann) eine „historische" werden wird, denn heute noch soll ja der „Neue Plan" unter Englands Führung veröffentlicht werden.

Herzlichen Gruß
Ihr
Karl Ballmer

Brief an Erich Brock

LAMONE, 22. Dezember 1953

Sehr geehrter Herr Dr. Brock!

Dass das einzelne Ameisen- oder Bienen-Individuum per *Urteilskraft* handelt, ist um nichts wunderbarer als die Urteilskraft bei Müller und Schulze: denn es ist doch nur das eingewohnte Vorurteil der „wissenschaftlich“ Getauften, es könne überhaupt ein anderes Subjekt des Urteilens geben als *die W E L T selbst.*

Ich mache freien Gebrauch von dem von C. G. Jung angebotenen Begriffe der „Synchronizität“ (Naturerklärung und Psyche, 1952 – enthaltend zugleich einen dämlich frommen Aufsatz von Prof. Pauli). Jung beobachtet die Gleichzeitigkeit von Ereignissen, die in keiner irgendwie ausdenkbaren gegenseitigen Beziehung stehen, deren zufälliges Nebeneinander aber *sinnvoll* erscheint. Als Erkenntnis genommen, entspricht solches Nebeneinander zweier Ereignisse dem Begriffe „Schöpfung aus nichts“. Ein Atheist à la Jung könnte die Schöpfung aus nichts als „sinnvollen Zufall“ in Aussicht nehmen.

In meiner Sinneswahrnehmung (deren Subjekt die Welt ist), wie in meiner urteilenden Erkenntnis hat man es mit „Synchronizitäten“ zu tun. In meiner urteilenden Erkenntnis werden zwei gleichzeitige Ereignisse – als Jungsche „Synchronizität“ – in Relation gesetzt. Meine alltäglichste urteilende Erkenntnis ist Erkenntnis des Subjektes Welt (nur die mit der „wissenschaftlichen“ Erkenntnisart Getauften sind anderer Ansicht). Eine alltägliche Erkenntnis ist z.B. ausgedrückt in dem gesprochenen Satze: „Dort geht ein Kaminfeger“. Der physische Wortklang „dort geht ein Kaminfeger“ und ein auf der Straße vor dem den Wortklang Produzierenden vorübergehender schwarzer Mann stellen *zwei* physische Weltereignisse dar. Und durch den Willen des erkennend Urteilenden meinen nun diese zwei Ereignisse, oder meint die Welt Einunddasselbe. Das Subjekt des Meinens in dieser alltäglichen Erkenntnis („dort geht ein Kaminfeger") ist ohne weiteres die Welt. Es ist auch gar nicht einzusehen, wie die Müller und Schulze jemals Erkenntnis der Welt haben könnten, wenn nicht die Welt selbst das Subjekt ihres Urteilens wäre.

Die Sprüche Salomos in Ehren, aber es ereignet sich gelegentlich auch mal Neues.

Ihr
Karl Ballmer

N.B. Wie steht es an der Zürcher Universität mit dem Gedenken an Richard Avenarius (gest. 1896), der für das „Es denkt" etwas übrig hatte?

Quaternität (Notizblatt)

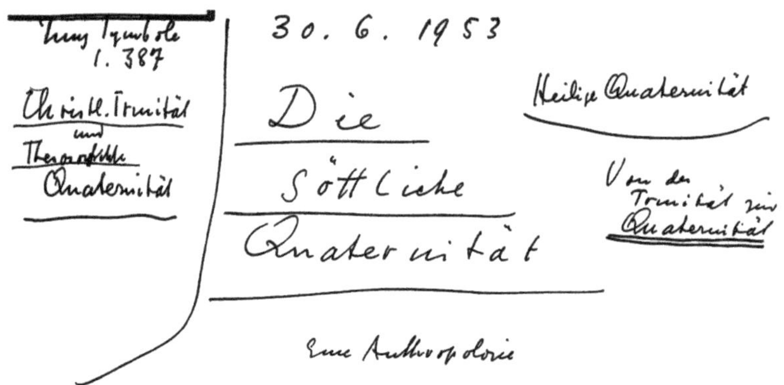

Jung Symbole 1. 387

Christl. Trinität und Theosophische Quaternität

30. 6. 1953

Die göttliche Quaternität

Heilige Quaternität

Von der Trinität zur Quaternität

Eine Anthropologie

Wenn mir ein Zeitgenosse sagt, er glaube an den persönlichen Gott, so sage ich ihm ins Gesicht: „Du bist ein Lügner". Abgesehen von ~~sonstigen~~ meinen sonstigen Freunden finde ich den Zeitgenossen Glaubenden ~~meinen~~ Atheismus klar rein psychologisch wohlbegründet in der Überlegung von C. G. Jung, der einem katholischen Pater und Parapsychologen

Ich darf Der Zeitgenosse ist ein Lügner, weil ich von ihm weiß, daß er sich ~~das~~ unter dem persönlichen Gott nichts vorstellen kann.

In dieser Studie wird der Gedanke entfaltet, daß nicht mit der Idee der Trinität, sondern mit der Idee des vergliederten Menschen (Quaternität) die Vorstellung Denkmöglich wird, ~~daß unter dem~~ die Größe des Menschen zu einer Persönlichkeit.

Der in meiner Studie eingenommene Standort liegt nicht innerhalb des traditionellen Christentums sondern außerhalb desselben. Trinität

Quaternität

Aufschrift auf der Mappe für das Notizblatt „Quaternität".

Jung Symbole S. 387
Christliche Trinität und Theosophische Quaternität
30. Juni 1953
Die göttliche Quaternität
Eine Anthropologie
Heilige Quaternität
Von der Trinität zur *Quaternität*

Wenn mir ein Zeitgenosse sagt, er glaube an den persönlichen Gott, so sage ich ihm ins Gesicht: „Du bist ein Lügner". Abgesehen von ~~sonstigen~~ meinen sonstigen Gründen finde ich mein den Zeitgenossen belehrendes Urteil schon rein psychologisch wohlbegründet in der Überlegung von C. G. Jung, der einem katholischen Pater und Parapsychologen

Ich darf

Der Zeitgenosse ist ein Lügner, weil ich von ihm weiß, dass er sich ~~bei~~ unter dem persönlichen Gott nichts vorstellen *kann.*

In dieser Studie wird der Gedanke entfaltet, dass nicht mit der Idee der Trinität, sondern mit der Idee des viergliedrigen Menschen (Quaternität) die Vorstellung denkmöglich wird, ~~dass unter dem~~ der Schöpfer der [des?] Menschen sei eine *Persönlichkeit.*

Der in meiner Studie eingenommen Standort liegt nicht *innerhalb* des traditionellen Christentums sondern außerhalb desselben. Trinität

Wiederverkörperung

18. Januar 1954

Die Truffa der Religion operiert – von den Griechen her – mit dem Gedanken der „unsterblichen Seele", vom Oriente her mit der Idee der „Wiederverkörperung" der Seele. Das verbindliche Urteil über diese beiden Requisiten der plebiszitären Religion wird Feuerbach verdankt: es handelt sich beim Unsterblichkeitsglauben wie beim Glauben an wiederholte Erdenleben um menschliche Wunschträume. Man frage doch bei der Universität an, etwa bei der medizinischen Fakultät, ob ihr das mindeste von einer selbständigen Entität „Seele" bekannt sei. Nun, wenn es keine selbständige Entität „Seele" gibt, dann braucht sich niemand um das Dasein einer vom Körper getrennten Seele zu sorgen. Zwar kann man an der Universität allerlei frommen Schwindel vernehmen; die Universität gehört zu den Erbstücken des christlichen Abendlandes und ihre Lehrbeamten tragen ungewollt die Verpflichtung, ein bisschen mitzuschwindeln. Es ist jetzt Sitte, bei Medizinern und sogar bei Physikern, die Unkosten des Kokettierens mit „Seele" durch Professor C. G. Jung bezahlt sein zu lassen. Dessen Maxime: „Lüge dir vor, dass es einen Gott gibt, sonst wirst du krank" ist indessen wiederum nur das Symbol und der Inbegriff der Verkommenheit des Abendlandes. Gott und Seele zwei verschiedene Namen für das Gleiche. Aber Jung hat doch eine übersinnliche Welt entdeckt! Die Archetypen! Dazu ist zu bemerken: Jung wäre als Mediziner nicht ernst zu nehmen, wenn er nicht zwischenhindurch seine Archetypen als Gehirndispositionen bezeichnete, wodurch er sich eben als Vertreter des normalen Universitätsmaterialismus ausweist. Der Zentralgedanke der Weltanschauung Jungs, die „Relativität Gottes" (siehe Peter Walder, Mensch und Welt bei C. G. Jung, Zürich

1951) bewährt sich durchaus, wenn der „Geist“ oder „Gott“ oder „die Seele“ nichts weiter als eine aktualisierte Gehirndisposition bei werten Abendländlern sein kann. Mir scheint, man müsste ziemlich vernagelt sein, um in dem Seelenentdecker Jung mehr als eine nette Verzierung des trüben „Abendlandes“ zu sehen. Ebenfalls bewährtes Abendland ist es, wenn eine betriebstüchtige fromme Apologetik sich ihr Handwerkszeug mit Jungscher Wolle aufpoliert.

Deutlich und unhöflich gesagt: Wer Seele sagt, der schwindelt. Und nun könnte man also anfangen, alte faule Antworten durch bessere neue Fragen zu ersetzen. Es ist möglich, dass die Fragen, zu denen die erweiterte moderne Naturerkenntnis auffordert, noch nicht ausprobiert worden sind.

Die Seelenfrage ist keine andere als die Gottesfrage. Es ist seit Spinoza intellektuell unanständig, unter Gott, Welt und Seele drei verschiedene Mächtigkeiten zu verstehen. Vor allem: Wenn es Seele gibt, so gibt es sie, sofern sie jetzt und hier *geschaffen* wird. Man muss jetzt dem alten Aristoteles beweisen, dass seine Methode, überall dort „Seele“ zu finden, wo es die Abstraktion „Leben“ gibt, äußerst uninteressant und höchst unaktuell geworden ist. Wenn der biedere Grieche die Seele als das Prinzip des Lebens definierte, so liegt es uns näher, den *Tod* als das Prinzip der Seele zu wissen. Dass die Kirche die Seelentheorie des Aristoteles in ihre Grundgesetze einbaute, besagt nur, dass sie kein Sensorium hat für den Gedanken: der menschliche Tod eines Gottes, der Tod als das *Können* des leiblichen Gottes sei überhaupt das Prinzip der Möglichkeit von so etwas wie „Seele“.

Erläuterungen des Herausgebers

Für die vorliegende Neuauflage dieses Buches sollen die Hintergründe der Textentstehung nach dem derzeitigen Forschungsstand etwas ausführlicher beleuchtet werden, als dies 1995 möglich war:

Wie bei den meisten Publikationen unseres Verlages handelt es sich auch hier nicht um eine vom Autor selbst vorgenommene Zusammenstellung. Als Ballmer vom Tessin aus in Briefen und Briefentwürfen an den Theologen Hans Schär seine Gedanken zur „Synchronizität" niederlegt, hat sich an seiner Feststellung aus einem unveröffentlichten Brief von 1935 an Friedrich Widmer noch nichts geändert: „Leider ist das Schreiben eine einfachere Sache als einen Verleger zu finden. Wenn nicht, dann eben in die Kiste zum andern." Ballmer beschriftet, wie oft, die beiden Mappen (im Nachlass die Nummern 172 und 193), in denen er diese Briefe und Entwürfe ablegt, mit graphisch schönen Titeln (s. S. 67), er skizziert auch schnell einen Vorwortentwurf (s. S. 68), aber dies will nicht heißen, dass er einem späteren Verleger einen geordneten, durchgehenden Buchtext hinterlassen hätte. Wie so oft nutzt er die Korrespondenz zur Ausarbeitung seiner Gedanken, wobei der Briefpartner im Tempo, geschweige denn inhaltlich, keineswegs folgen kann. So kommt es, dass Entwürfe sich mit abgeschickten Briefen überschneiden, die letzten Entwürfe dann nicht mehr abgeschickt werden und der Schreibfluss schließlich versiegt, ohne dass es zum im Vorwortentwurf angedachten „Büchlein" gekommen wäre – geschweige denn zur systematischen Darstellung in einem „tausendseitigen schöngedruckten Buch", für dessen Ausbleiben er schon drei Jahre zuvor beim Briefpartner der „Deutschen Physik – von einem Schweizer" um Verständnis gebeten hat.

Wenn wir als Herausgeber den Gesamttitel beibehalten auch unter Hinzunahme von weiteren Texten aus früheren Jahren, in denen es das von Jung geprägte Wort „Synchronizität" noch nicht gab, dann ist dies damit gerechtfertigt, dass der Begriff der (akausalen) Gleichzeitigkeit in Ballmers Denken längst eine zentrale Rolle spielte. Dies zeigt zum Beispiel auf recht persönliche Art der Brief an Daus (zu dessen Person wir leider nichts in Erfahrung bringen konnten). Dass es Ballmer schon damals nicht um sozusagen nackte objektive „Zufälle" ging, zeigt sich in der „Zusammenstimmung des Innen und Außen", die er betont.

Auch in dem 1935 geschriebenen, zu Lebzeiten unveröffentlicht gebliebenen Manuskript „Deutschtum und Christentum in der Theosophie des Goetheanismus“ (Verlag Fornasella, 2. Auflage 1995, S. 121) tritt der Begriff bereits auf:

> Die „ewige“ Gegenwärtigkeit des Übersinnlichen Menschen hat im Geschehen der Raumwelt den (mit höherer Erkenntnis zu erfassenden) Ausdruck ihres Wesens. Die Beziehung zwischen der Raumwelt und der Innenwelt des Übersinnlichen Menschen stellt sich durch die Idee der Gleichzeitigkeit dar. *Geschichte* als Welt-Geschichte und als *gegenwärtiges* Geschehen enthält *in der Außenwelt* die aktuellen Innenerlebnisse des Übersinnlichen Menschen in einer Erkenntnis, der sich die Außenwelt in Symbol und Imagination offenbart. In der Selbstanschauung des Übersinnlichen Menschen schaut sich der räumlich-gleichzeitige Weltvorgang als ideelle Einheit mit der Selbsterkenntnis des Übersinnlichen Menschen: als das Gesetz gegenwärtiger Weltgeschichte.

Die Spannweite vom „Gesetz gegenwärtiger Weltgeschichte“ bis zur Alltäglichkeit des „Kaminfeger“-Beispiels vom Dezember 1953 (s. S. 102f) zeigt, wie fundamental der Begriff der Gleichzeitigkeit bei Ballmer ist.

Unsere Textzusammenstellung – die für Außenstehende zunächst etwas skurril wirken mag – ist aber noch in einem zweiten Themenstrang begründet, der sich eben an den Urheber des „Synchronizitäts“-Begriffs, C. G. Jung, anschließt. Denn für Ballmer findet die Auseinandersetzung mit diesem Begriff nicht im luftleeren Raum statt, sondern im Spannungsfeld zwischen dem „Ereignis Rudolf Steiner“ und der aktuell durch Jung geprägten Atmosphäre im akademischen Milieu, wo es im Zeichen der Interdisziplinarität „Sitte ist, bei Medizinern und sogar bei Physikern, die Unkosten des Kokettierens mit ‘Seele’ durch Professor C. G. Jung bezahlt sein zu lassen“ (S. 106). Ähnlich wie im Fall Heidegger ist sich Ballmer der weitreichenden Einflüsse bewusst, die von Jung ausgehen, auch wenn er ihm nicht eine ausführlichere Kritik widmet. Die Polemik von 1954 „Mir scheint, man müsste ziemlich vernagelt sein, um in dem Seelenentdecker Jung mehr als eine nette Verzierung des trüben ‘Abendlandes’ zu sehen.“ (S. 107) ist auch in den „Synchronizität“-Texten längst vorbereitet, wenngleich sich Ballmer hier eher dezent äußert. Im Brief vom 20. Januar 1953 (S. 12) würdigt und umreißt er Jungs „Leistung von unermesslicher Tragweite“ und legt Wert darauf, „den von Jung vollzogenen Durchbruch in seiner geistesgeschichtlichen Bedeutung zu sehen“. Die hier unmittelbar sich anschließende Äußerung verdient spezielles Interesse:

> „Es liegt an der Art und Form der anthroposophischen „Literatur“, dass es akademisch noch nicht üblich ist, die vielfachen Parallelen zu kennen und zu nützen zwischen Jung und R. Steiner; ich bin überzeugt, dass diese Beziehungen auf die Dauer nicht verborgen bleiben werden. Ich bin sogar so naiv, anzunehmen, dass man in hundert Jahren Jung ohne große Umstände als einen Exponenten des damals in der Schweiz zentrierten Anthroposophischen nehmen wird.“

Dies kann befremdlich wirken, ist Ballmers Distanz zu Jung doch offensichtlich. Diplomatie gegenüber dem Briefpartner mag eine Rolle spielen, wenn er von „Parallelen“ zu Steiner spricht. Den Begriff „des Anthroposophischen“ gebraucht Ballmer hier jedoch offensichtlich gerade in Abgrenzung zu dem, was er als Erkenntnisleistung Rudolf Steiners sieht und vertreten will. Wenn Ballmer in der Notiz vom 8. Januar 1953 als „Motiv meiner negativen Wertschätzung C. G. Jungs“ angibt, er sei „mir zu anthroposophisch“, nämlich im Sinne des „Hängenbleibens an akademischen Illusionen“, so korrespondiert dies mit Ballmers gleichzeitigem Briefwechsel mit dem Anthroposophen Gerhard Kienle („Briefwechsel über die motorischen Nerven“, Verlag Fornasella, Besazio 1953), in dem er die akademisch-anthroposophische „Gruppenseele“ geißelt. Aber auch Hans Schär wurde, ohne dass er es jetzt als Ballmers Briefpartner ahnt, bereits 5 Jahre zuvor von diesem als „anthroposophisch“ bezeichnet. Denn die erste im Nachlass enthaltene Bezugnahme auf Schär lautet (in einem Brief an Ulrich Neuenschwander vom 20. Januar 1948, veröffentlicht im Band *Umrisse einer Christologie der Geisteswissenschaft* im Verlag am Goetheanum, 1999, S. 90):

> Den Aufsatz von Hans Schär, Bern, über „Das religiöse Erleben des Urchristentums“ las ich mit einem gewissen Widerstreben. [...] Der Aufsatz von Hans Schär ist ein durch und durch anthroposophischer Aufsatz, in der Art der Fragestellung (das „Mythische“), wie in der Form der Gedankenbildung. Es liegt nichts daran, dass Schär strengstens jede explizite Bezugnahme auf A. vermeidet. Der Aufsatz könnte ohne weiteres, mit geringfügigen Änderungen, von einem anthroposophischen Autor sein. Unter anthroposophisch verstehe ich – hier im Zusammenhange dieser Bemerkungen – die Methode Schärs, die von Buri gemeinte Wirklichkeitskundgebung nicht in der *Gegenwart*, sondern an Phänomenen der *Vergangenheit* („Urchristentum“) zu erforschen.

Wenn ich Schärs Aufsatz als durch und durch anthroposophisch bezeichne, so liegt darin eine Kritik, und zwar nicht eine Kritik an Anthroposophie, sondern Kritik an der Einseitigkeit von Anthroposophen, die zunächst sich an *Vergangenheit* delektieren müssen, weil sie noch nicht zu sehen vermögen, inwiefern man sich als Anthroposoph eigentlich mit *gegenwärtigem* Urchristentum zu befassen hat.

(N.B. Urchristentum als Analogie gemeint zu Urpflanze, oder zu Urgeschichte, verstanden als Gesetz der Gegenwartsgeschichte, z.B. in der Wirklichkeitskundgebung des 17. Juli 1945)

Die hier gemeinte „Wirklichkeitskundgebung des 17. Juli 1945“ ist übrigens ebenfalls eine von Ballmer oft zitierte Synchronizität (Tod von Eberhard Grisebach sowie die weltweit erste Atombombenexplosion).

Ballmer gebraucht in den Synchronizitäts-Texten tatsächlich (insbesondere in den wirklich abgeschickten Briefen) den Ausdruck „Anthroposophie“ eher zur Bezeichnung der Erscheinungen der auf Steiner zurückgehenden gesellschaftlichen „Bewegung“ – während er für sein bzw. Steiners „System“ (so nennt er es gleich in den Anfangszeilen des ersten Briefes) den Begriff „Theosophie“ reserviert.

Der Briefwechsel mit dem Theologen Ulrich Neuenschwander (im o.g. Band, der allerdings durch sehr viele Textübertragungsfehler beeinträchtigt ist) kann den Hintergrund der Synchronizitäts-Korrespondenz mit Schär insgesamt beleuchten. Er zeigt, wieweit sich Ballmer in die Vorstellungswelt einer jungen, gebildeten, auch tiefenpsychologisch interessierten Theologenschaft eingelebt hatte. Am 26. Januar 1948 schreibt er: „Schärs Position und Problematik erscheint mir als willkommener Anknüpfungspunkt. Ich hoffe mich in absehbarer Zeit (ich bin z.Zt. mit Arbeit bepackt) zusammenhängend zu äußern, besonders zu H. Schärs Frage ‘Erlösung von der Natur’.“ Insbesondere wurde ihm Schär vertraut durch sein Buch „Religion und Seele in der Psychologie C. G. Jungs“, das er in diesem Zusammenhang mit großem Interesse las. Dass Ballmer fünf Jahre später, am 27. Dezember 1952, in Anknüpfung an Schärs Aufsatz über „Das Problem der Schuld“, erstmalig Kontakt zu Schär aufnimmt, kommt also nicht von ungefähr. Dass sein eigener, 7 Jahre zuvor entstandener Aufsatz „Über Schuld“, den er bald darauf Schär zuschickt, Bezug auf C. G. Jung nimmt, erscheint passend und setzt, über die These von der „A-Geschichtlichkeit der Jungschen ‘Seele’“, die Korrespondenz erst richtig in Gang.

Der erste Brief ist adressiert an Schärs Dienstadresse an der Universität Bern, die folgenden an die Privatadresse; Ballmer schreibt alle Briefe aus seinem damaligen Wohnort Lamone bei Lugano.

Zur Person des Briefpartners: Hans (eigentlich Johann Friedrich) Schär, geboren in Gerlafingen am 6. 7. 1910, gestorben in Bern am 2. 1. 1967, Dr. theol., Professor (Religionswissenschaft, Religionspsychologie, Pastoraltheologie) Universität Bern. Zu den wichtigen Veröffentlichungen zählt außer den unten im Literaturverzeichnis genannten Titeln noch „Seelsorge und Psychotherapie" (1960). Nicht zu verwechseln ist der Theologe übrigens mit dem gleichnamigen Mitbegründer der Betriebswirtschaftslehre Johann Friedrich Schär (1846-1924).

Die hier als Nummern 13 bis 16 wiedergegebenen maschinen- und handschriftlichen Entwürfe und Notizen sind in den beiden erwähnten Nachlassfaszikeln enthalten.

Der Aufsatz „Gleichzeitig" samt seiner „Nachschrift" wird hier durch den Brief an den schweizerischen Philosophen Pierre Thévenaz (1913-1955) ergänzt, den Ballmer derselben Manuskriptmappe zugeordnet hat; inhaltlich liegt die Verbindung wohl vor allem im Topos „Transzendenz im Ich".

Das faksimiliert wiedergegebene einzelne Blatt zur „Quaternität" ist einige Monate nach dem Abklingen des Briefwechsels mit Schär entstanden. Ballmer denkt offenbar an eine eigene „Studie" zu diesem Thema, erwägt verschiedene Titel und den Untertitel „Eine Anthropologie". Er widmet dem Blatt tatsächlich eine eigene Ablagemappe (Faksimile der Aufschrift s. S. 105). Der Begriff taucht in Jungs Abhandlung zur Synchronizität auf und motiviert Ballmer zusätzlich, wie er S. 19 schreibt, zur Beschäftigung mit Jung. Das im Gespräch zwischen Jung und dem Physiker Wolfgang Pauli entstandene Schema von zwei sich orthogonal kreuzenden Gegensätzen (Unzerstörbare Energie vs. Raum-Zeit-Kontinuum, Kausalität vs. Synchronizität) soll die klassische Trias von Raum, Zeit und Kausalität so ergänzen, dass auch ein „psychoider Faktor" in die Beschreibung und Erkenntnis der Natur einbezogen werden könne. Ballmer möchte mit *seiner* „Quaternität" diese „dürre Abstaktion" (S. 21) durch die Steinersche Lehre von den vier Wesensgliedern des Menschen ersetzen. Möglicherweise hat er dabei Steiners Schema aus den Vorträgen zur „Psychosophie" (GA 115) vor Augen, wo die Wesensglieder sich ebenfalls paarweise kreuzen. Über diese Vorträge schrieb Ballmer zumindest noch 1930, dass sie „für die anthroposophische Arbeit ganz brach" lägen. Weitere explizite Ausführungen zu „Quaternität" sind in Ballmers Nachlass nicht zu finden.

Einzelne Hinweise

Auf Schriften und Vorträge Rudolf Steiners wird nach den GA-Nummern (Gesamtausgabe im Rudolf Steiner Verlag, Dornach / Schweiz) verwiesen.

Zu Seite

6 *„religiöse Gabe“*: Vgl. Rudolf Steiner, Vortrag in Norrköping, 12. Juli 1914 (GA 155).

10 *für Ihre beiden Briefe... / Ihren Aufsatz über Schuld...*: Einem zweiten (nichterhaltenen, aber wohl nur kurzen) Brief hat Ballmer demnach seinen Aufsatz „Über Schuld“ (in diesem Band enthalten) beigelegt.

12 *Brief an Hans Schär, 20. Januar 1953*: Auf dem zurückbehaltenen Briefdurchschlag notiert Ballmer unter dem Datum: „Heute Amtsantritt von Präsident Eisenhower“.

13 *Die beiliegende Abschrift – Judas und Oedipus*: Rudolf Steiner, Vortrag in Kassel, 4. Juli 1909 (GA 112, 11. Vortrag).

15 *Vortrag Nr. 1764*: Hamburg, 29. Mai 1908 (GA 103).

15 *Vortrag Nr. 4503*: Dornach, 3. Juni 1921 (GA 204).

16 *die Kinder Luzifers und die Brüder Christi*: Ballmer bezieht sich auf Abschriften aus Steiner-Vorträgen, die er Schär mitgeschickt hat (vgl. Anmerkung zu S. 57).

57 *Ihre ausführlichen Abschriften aus Vorträgen von Rudolf Steiner*: Dies waren neben der bereits erwähnten Abschrift Auszüge aus den Vorträgen in München vom 29., 30. und 31. August 1909 (GA 113, *Der Orient im Lichte des Okzidents / Die Kinder des Luzifer und die Brüder Christi*, 7., 8. und 9. Vortrag).

61 *Wenn hervorragende Forscher*: Auf einer Vorstudie zu dem Passus finden sich im Anschluß an das Schlick-Zitat folgende Notizen: „Auf dem Wege Plancks kommt man nicht zur Physik als Psychologie, sondern zur Meta-Physik, d.h. zu einer physikalischen Welt von Coinzidenzen, die nicht erlebbar sind, sondern die auf Grund von Experimenten und Hypothesen im logischen Verfahren bloß erschlossen werden.“ – „Theosophischer Ur-Satz: Die Wahrnehmungen gehören nicht dem Seelenleben an“

75 *Über Schuld*: Erstmals veröffentlicht in der Zeitschrift *Neue Politik* (Zürich), 23.12.1946

78 *Jung äußerte seine pseudokatholischen Ansichten*: Werden die Seelen Frieden finden? Ein Interview mit C. G. Jung, in: Die Weltwoche 13. Jahrgang, Nr. 600, v. 11. 5. 1945 (also wenige Tage nach der deutschen Kapitulation).

81 *Gleichzeitig*: Der Aufsatz entstand im September 1946, zunächst unter dem Titel *Der Schrei aus dem Jenseits*, dann *Sein und Zeit*. Ballmer legte ihn der Berner *Tagwacht* vor, die des öfteren u.a. Glossen von Ballmer gedruckt hatte, obwohl „die sozialistische Schulung fehlt"; der Artikel wurde für „gut, aber zu theoretisch" befunden. Mit dem Buch von Iwan Iljin setzt sich Ballmer auch auseinander in einem Artikel „Die Hegel-Illusion" in der Züricher Zeitschrift *Neue Politik* vom 8. Juli 1948.

88 *Der Mensch ist also nicht Nachbildner*: Münchener Neueste Nachrichten, 5. Mai 1928, „Philosophische Weltanschauung". Ballmer bringt dies Zitat auch in den *Rudolf Steiner-Blättern* (vgl. unseren Band *Die Überwindung des Theismus*, S. 45f). Dieser Artikel Schelers liegt ihm vielleicht auch Jahre später noch besonders nahe, weil er kurz vor Schelers Tod erschien und Ballmer sich „zu-fällig" exakt in der Sterbestunde am 19. Mai 1928 mit ihm beschäftigte (vgl. unseren Band *Das Ereignis Rudolf Steiner*, S. 40ff).

89 *die hier mit leichter Verspätung erscheint*: Es sind keine Hinweise bekannt, wo Ballmer nach der Ablehung durch die „Tagwacht" (s.o.) mit dieser „Nachschrift" eine Veröffentlichung plante.

96 *Welt- und Lebensanschauungen im 19. Jahrhundert*: Die wesentlich erweiterte Ausgabe von 1918 trägt den Titel *Die Rätsel der Philosophie* (GA 18).

97 *An die Leitung der Reichskammer der bildenden Künste*: Ballmer hatte Ende 1935 die Aufnahme in die Reichskammer der bildenden Künste beantragt, weil dies für ihn Voraussetzung zur Teilnahme an einer Ausstellung war. Der interessante Briefwechsel mit der Kammer in dieser Sache ist (in Auszügen) im Bildband „Karl Ballmer – Der Maler", herausgegeben vom Aargauer Kunsthaus Aarau und der Karl Ballmer-Stiftung, S.63f dokumentiert, allerdings nur bis Februar 1936. Der von Ballmer zitierte Entwurf scheint nicht abgeschickt

worden zu sein. Denn Ballmer erhielt mit Datum vom 9. Juni 1937 den Bescheid, dass er mit sofortiger Wirkung aus der Kammer ausgeschlossen wurde und ihm die Berufsausübung als Maler und Grafiker untersagt wurde. Als Begründung wurde umschreibend das „Ergebnis meiner Überprüfung der in Ihren persönlichen Verhältnissen begründeten Tatsachen" genannt. Was damit gemeint war, erschließt sich aus der „Judenliste 8 der Reichskammer der Bildenen Künste", wo Ballmer als „verheiratet mit Volljüdin" verzeichnet ist. Dies reichte, unabhängig von evt. weiteren künstlerischen oder weltanschaulichen Gründen, für einen Ausschluss. Siehe auch folgende Anmerkung.

98 *van Cleef*: Katharina (Käthe) van Cleef, später Katharina Ballmer (geboren am 2. Februar 1890 in Köln, gestorben am 17. März 1970 in Orselina) war seit 1919 Ballmers Lebensgefährtin. Die beiden heirateten am 5. November 1936, also nach Verabschiedung und in Kenntnis der diskriminierenden Nürnberger Rassengesetze (Katharina war Jüdin). Siehe: Johannes Spallek, Karl und Katharina Ballmer, Opfer der nationalsozialistischen Gewaltherrschaft. In: Jahrbuch für den Kreis Stormarn 2006, Ahrensburg 2005.

102 *Brief an Erich Brock*: Geboren am 30. August 1889 in London, gestorben am 27. Januar 1976 in Zürich, 1951 Privatdozent für Philosophie in Zürich, 1963 Titularprofessor ebendort. Ballmer hatte mindestens seit 1942 verschiedentlichen Briefwechsel mit ihm. Ballmer bezieht sich hier auf Brocks Artikel *Einzeltier und Gemeinschaft bei Bienen und Ameisen* vom selben Tag (in *Die Tat*, 22. Dezember 1953).

106 *Lüge dir vor, dass es einen Gott gibt, sonst wirst du krank*: So Steiner über C. G. Jung im Vortrag vom 22. Januar 1918, Berlin (GA 181, 1. Vortrag).

Erwähnte Literatur

Die meisten Titel sind zitiert nach den Daten der Aargauer Kantonsbibliothek, wo Ballmers Bücherbestand archiviert ist. Viele der Bände enthalten zahlreiche handschriftliche Anmerkungen von ihm.

Eranos-Jahrbuch 1946, Band 14, „Geist und Natur", 567 S.

Eranos-Jahrbuch 1948, Band 16, „Der Mensch II", 488 S.

Eranos-Jahrbuch 1951, Band 20, „Mensch und Zeit", 458 S.

Festgabe für Martin Werner zum 60. Geburtstag, Bern: Büchler, 1947, 64 S., Sonderdruck aus: Schweizerische Theologische Umschau Jg. 17 (1947).

Feuerbach, Ludwig: Vorlesungen über das Wesen der Religion, Stuttgart: Frommann, 1908, 459 S.

Fierz, Markus: Zur physikalischen Erkenntnis, in: Eranos-Jahrbuch 1948

Freyer, Hans: Das geschichtliche Selbstbewusstsein des 20. Jahrhunderts, 2. Aufl., Leipzig: Keller, 1938, 27 S.

Heisenberg, Werner: Wandlungen in den Grundlagen der Naturwissenschaft. 8 Vorträge, 8., erw. Aufl., Stuttgart: Hirzel, 1949, 112 S.

Iljin, Iwan, Die Philosophie Hegels als kontemplative Gotteslehre, Bern: Francke, 1946, 432 S.

Jordan, Pascual: Die Physik des 20. Jahrhunderts: Einführung in den Gedankeninhalt der modernen Physik, Braunschweig: Vieweg, 1949, 159 S.

Jung, Carl Gustav: Antwort auf Hiob, Zürich 1952

Jung, Carl Gustav: Der Geist der Psychologie, in: Eranos-Jahrbuch 1946.

Jung, Carl Gustav: Die Beziehungen der Psychotherapie zur Seelsorge, Zürich: Rascher, 1932, 30 S.

Jung, Carl Gustav / Pauli, Wolfgang: Naturerklärung und Psyche, Zürich: Rascher, 1952, 194 S.

Jung, Carl Gustav: Symbolik des Geistes, Zürich 1948

Jung, Carl Gustav: Synchronizität als ein Prinzip akausaler Zusammenhänge, in: Jung / Pauli, Naturerklärung und Psyche (s.o.).

Lenin, Wladimir Iljitsch: Materialismus und Empiriokritizismus: kritische Bemerkungen über eine reaktionäre Philosophie, (die Neubearbeitung der deutschen Übersetzung besorgte Frida Rubiner), Moskau: Verlag für fremdsprachige Literatur, 1947, 411 S.

Mach, Ernst: Die Leitgedanken meiner naturwissenschaftlichen Erkenntnislehre und ihre Aufnahme durch die Zeitgenossen / Sinnliche Elemente und naturwissenschaftliche Begriffe: zwei Aufsätze, Leipzig: Barth, 1919, 31 S.

March, Arthur: Natur und Erkenntnis: die Welt in der Konstruktion des heutigen Physikers, Wien: Springer, 1948, 239 S.

Pauli, Wolfgang: Der Einfluss archetypischer Vorstellungen auf die Bildung naturwissenschaftlicher Theorien bei Kepler, in: Jung / Pauli, Naturerklärung und Psyche (s.o.).

Schär, Hans: Das Problem der Apologetik in der Theologie Martin Kählers, Luzern: Erasmus Verlag, 1940, 204 S.

Schär, Hans: Das Problem der Schuld in protestantischer Sicht. In: Schweizerische Theologische Umschau, Dezember 1952.

Schär, Hans: Das religiöse Erleben des Urchristentums. In: Festgabe für Martin Werner (s.o.).

Schär, Hans: Erlösungsvorstellungen und ihre psychologischen Aspekte, Zürich: Rascher, 1950, 702 S. (Studien aus dem C.G. Jung-Institut Zürich ; Bd. 2)

Schär, Hans: Religion und Seele in der Psychologie C. G. Jungs, Zürich: Rascher Verlag, 1946, 273 S.

Schlick, Moritz: Raum und Zeit in der gegenwärtigen Physik: zur Einführung in das Verständnis der Relativitäts- und Gravitationstheorie, Berlin: Springer, 1919, 86 S.

Schrödinger, Erwin: Der Geist der Naturwissenschaft, in: Eranos-Jahrbuch 1946.

Steiner, Rudolf: Das Markus-Evangelium. Zehn Vorträge, Basel 15. bis 24. September 1912 (GA 139).

Steiner, Rudolf: Evolution, Involution und Schöpfung aus dem Nichts. Vortrag in Berlin, 17. Juni 1909 (GA 107, 19. Vortrag).

Thévenaz, Pierre: La notion de transcendance vers l'interieur, in: Jahrbuch der Schweizerischen Philosophischen Gesellschaft, 1944.

Walder, Peter: Mensch und Welt bei C. G. Jung. Die anthropologischen Grundlagen der Komplexen Psychologie. 1951, Origo-Verlag, Zürich, 164 S.

Weyl, Hermann: Wissenschaft als symbolische Konstruktion des Menschen, in: Eranos-Jahrbuch 1948.

Personenregister